현직 역사 교사들이 '제대로' 쓴 알차고 재미있는 한국사!

머리 아프게 공부해야 하는 역사가 아닌, 즐기면서 푹 빠져 읽을 수 있는 역사책. 풍부한 사료를 씨줄과 날줄로 삼아 옛사람들의 삶을 생생하게 되살려 낸 점이 돋보인다. 아이들이 진실한 이야기의 속맛을 느끼며, 역사 속으로 빠져들기를 기대한다.
— **김태웅** 서울대학교 역사교육과 교수

아이들의 독서 습관을 잘 아는 선생님들이 '제대로 된' 역사책을 펴냈다. 참 쉽다. 그러면서도 왜 역사가 우리의 삶과 성장에 필요한지를 몸소 느끼고 체험할 수 있게 써 놓았다. 《제대로 한국사》와 함께 우리 역사를 마음껏 탐구해 보자. 두둥두둥~ 자, 출발!
— **장용준** 함평고등학교 교장

아이들이 읽을 역사책은 무엇보다도 내용이 아이들에게 딱 맞는 제대로 된 것이어야 한다. 학교 현장에서 '살아 있는 역사 교육'을 실천해 온 전국역사교사모임 선생님들이 가꾼 한국사 텃밭이라면 우리 아이들이 '제대로 자랄 수 있는' 놀이터이자 우리 역사를 '제대로 느낄 수 있는' 배움터로 충분할 것이다.
— **전병철** 공주생명과학고등학교 교사

역사는 이야기다. 사람들이 있고, 사람들이 한 일이 있고, 그 사이 시간이 흘러간다. 《제대로 한국사》는 지금껏 이 땅에 살았던 사람들의 삶을 끊어지지 않는 이야기로 이어 놓았다. 누구든지 제 삶을 거짓 없이 돌아볼 수 있어야 앞날을 희망으로 그릴 수 있다. 이 책을 읽는 아이들이 만들어 갈 세상이 희망적인 까닭이다.
— **김강수** 수동초등학교 교사, 전국초등국어교과모임 회장

왕이나 위인들만의 역사가 아닌 보통 사람들의 이야기도 담겨 있는 역사책. 역사에 등장하는 인물들의 마음과 생각을 이해할 수 있으며, 초등 역사에서 꼭 알아야 하는 인물사, 생활사, 문화사 등 한국사를 '제대로' 담고 있다. 재미있으면서 가볍지 않고, 진지하면서도 무겁지 않다.
— **문재경** 부산효림초등학교 교사, 전국초등사회교과모임 공동 대표

우리 역사의 큰 흐름을 재미있는 내러티브로 이어 가고 있는 책이다. 관점은 믿음직하고 이야기는 유려하며 내용은 알차다. 아이들에게 권할 만한 '제대로 된 이야기 한국사' 책이 나와 반갑다. 내 아이에게 꼭 읽히고 싶다.
— **이성호** 서울배명중학교 교사, 역사교육연구소 어린이분과 연구원

아이들은 역사에서 오늘을 사는 우리의 삶을 비판적으로 읽어 낼 수 있어야 한다. 왕과 영웅의 역사 이야기 속에서도 언제나 약자였던 백성의 힘을 통찰할 수 있는 눈을 가져야 한다. 이 책은 교과서가 빠뜨린 '역사를 바르게 보는 눈'을 아이들에게 제공한다.
— **박진환** 논산내동초등학교 교사

'읽는 재미'와 '감동'을 선사하는 《제대로 한국사》는 교과서의 보조 교재로 사용하고 싶을 정도로 역사 고증에 충실하다. 이 책을 읽은 아이들은 역사는 암기가 아니라 그 시대를 살아간 사람들이 만들어 간 이야기이고, 역사를 배우는 의미는 깊이 있는 통찰력을 얻기 위해서라는 사실을 자연스럽게 깨닫게 될 것이다.
— **이어라** 의정부여자고등학교 교사

어릴 때 누구나 한번쯤 가져 봤던 궁금증. 내 아버지의 아버지, 아버지의 아버지는 어떤 사람이었을까? 내 어머니의 어머니, 어머니의 어머니는 어떻게 살았을까? 그 질문에 대한 가장 정성스럽고 현명한 답이 들어 있는 책. 박물관의 유물로만 여겨지던 역사를 살아 숨쉬는 사람의 이야기로 들려주는 책이다.
— **김선정** 남양주월문초등학교 교사

시간의 흐름을 놓치지 않고 우리 역사의 시작부터 지금에 이르기까지를 다룬 《제대로 한국사》는 '살아 있는 이야기'로 다가온다. 이 책을 만나는 사람 모두가 지나온 길을 돌아보는 용기와 앞길을 내다보는 웃음을 얻을 것이라 믿는다.
— **윤승용** 남한산초등학교 교사

전국역사교사모임
선생님이 쓴
제대로
한국사
3

전국역사교사모임
선생님이 쓴

제대로 한국사

3

민족을 다시 통일한 고려

전국역사교사모임 지음

초대하는 글

역사책을 읽으며 웃고 우는 너희를 보고 싶다

《제대로 한국사》를 막 펼쳐 든 아이들아! 이 책은 우리나라 역사에 대해 쓴 책이란다. 이 책을 쓴 우리는 모두 학교에서 역사를 가르치는 선생님이면서, 너희 같은 아들딸을 둔 부모이기도 해. 너희는 '역사', '역사책'이라고 하면 어떤 생각이 떠오르니?

민경   아, 또 역사책이에요? 엄마가 들이미는 역사책은 재미없고 지루한데……. 나는 '해리 포터' 시리즈 같은 소설책이 좋아요. 한번 읽기 시작하면 점점 빠져들고, 뒷이야기가 궁금해서 견딜 수가 없거든요. 수많은 사람의 삶에 대한 이야기를 읽고 나면 감동도 밀려와요. 하지만 역사책은 별로 재미도 없고 감동도 주지 않으면서 괜히 폼만 잡아요. "이것도 알아야 한다.", "저것도 중요하다."라며 외워야 할 것만 죽 늘어놓고 있어요.

역사가 재미없다고? 그래 맞아. 너희가 그렇게 생각하는 것도 무리는 아니지. 역사 속 수많은 사람의 사는 이야기 대신 이름만 남고, 무슨 뜻인지도 모르고 외워야 할 제도만 남은 역사책은 재미없는 게 당연하단다. 하지만 역사야말로 수많은 사람이 얽히고설키면서 만들어 간 가장 웅장하고 아름다운 이야기, 가장 극적인 울트라 수퍼 드라마란다.

우리는 옛사람들의 삶과 이야기가 묻어나는 살아 있는 역사를 들려주고 싶었단다. 딱딱한 제도와 이름에 숨결을 불어넣어서 너희와 생생하게 만나게 하고 싶었어. 그래서 우리는 옛사람들이 남긴 책과 유물, 유적, 다양한 흔적 등을 열심히 살펴보았단다. 이러한 것들을 '사료'라고 하지. 옛사람들의 숨결과 생각이 담긴 사료들은 아주 생동감 있고 진실한 이야기로 다시 태어나서 너희에게 그 시대 사람들의 삶을 실감 나게 보여 줄 거야.

형주 나는 역사책을 좋아해요. 역사책을 읽으면 새롭게 배우는 게 많거든요. 최초의 근대적 조약은 강화도 조약이고, 최초의 근대적 병원이 광혜원이라는 것도 알아요. 대단하죠? 그런데 도대체 '근대적'이라는 말이 무슨 뜻이에요?

형주는 아는 것이 정말 많구나! 그런데 역사 공부는 퀴즈 대회를 준비하는 것과는 다르단다. 역사를 좋아하고 역사책을 많이 읽었다고는 하지만, 역사라는 커다란 그림을 보지 못하는 친구들도 많단다. 길을 갈 때 보도블록의 모양을 자세히 들여다보느라고 내가 어디로 가고 있는지 보지 못하는 경우처럼 말이야.

시간의 흐름을 칼로 자를 수 없듯이 역사도 계속 이어진단다. 한 사건은 다른 사건을 낳고, 그 사건은 또 다른 사건으로 이어지고……. 눈에 보이지 않는 작은 변화들이 모여서 어느덧 완전히 다른 모습의 사회가 만들어지기도 했단다. 그 속에서 사람들이 어려움을 이겨 내기도 하고, 길이 기억될 만한 멋진 문화유산을 남기기도 했지. 이렇게 큰 그림을 보듯 역사를 만나면, 어느덧 사회를 읽는 눈과 사람을 보는 눈을 키울 수 있단다.

우형 우리나라 역사는 갑갑해서 싫어요. 피라미드나 베르사유 궁전처럼 크고 화려한 유적도 없고, 땅덩이도 좁고, 맨날 다른 나라한테 얻어터지기나 하고. 우리나라 역사를 읽으면 우울해져요. 우리가 일본보다 먼저 서양 문물을 받아들였다면, 일본의 식민지가 되지도 않았을 테고, 만주 땅도 다 우리 땅이 되었을 텐데 말이죠.

우리가 힘이 세서 다른 나라에 쳐들어갔다면 자랑스러운 역사일까? 자랑스러운 역사, 빛나는 역사는 땅덩어리의 크기나 전쟁의 승리로 정해지는 것이 아니란다. 《제대로 한국사》를 읽다 보면, 우리나라 사람들이 얼마나 열심히 씩씩하게 살아왔는지를 알게 될 거야. 끊임없는 전쟁 속에서도 굳건히 가꾸어 온 희망, 온갖 위기와 역경을 헤쳐 나온 지혜, 좌절을 딛고 일어선 용기를 배울 수 있을 거야. 그러면서 너희는 분명 우리나라 역사를 사랑하게 될 거야.

너희가 만들어 갈 세상은 우리가 살아온 지난날보다 더 나은 모습이기를 바란다. 미래를 만들어 가는 데 과거를 돌아보는 것만큼 도움이 되는 것도 없지. 우리는 《제대로 한국사》가 너희에게 그런 도움을 주었으면 하고 간절히 바란단다.

지금부터 우리 조상들이 살아온 5000년의 이야기, 꿈을 꾼 사람들, 희망을 노래한 사람들, 성공한 사람들과 좌절한 사람들, 실패한 듯 보였지만 역사 속에서 살아난 사람들의 이야기를 들려줄게. 그 속에서 너희가 주인공이 될 멋진 미래를 꿈꾸어 보렴.

2015년 10월
글쓴이들

차례

초대하는 글 • 4

1 제국의 아침

후삼국의 성립 • 12
고려, 삼한을 다시 하나로 • 24
광종과 제국의 아침 • 40
문화재를 찾아서 커다란 부처님 속에 담긴 마음 • 50

2 제도를 정비하다

정치 제도의 정비 • 54
거란을 물리치고 평화를 누리는 고려 • 64
고려 사람들의 삶 • 82
만약에 자기 운명의 주인공이 된 현종 • 96

3 흔들리는 귀족 사회

안정 속에 싹트는 갈등 • 100
무신들이 권력을 잡다 • 114
고개 숙인 문신, 신음하는 농민 • 124

문화재를 찾아서 순수한 비색의 아름다움, 고려청자 • 138

연표 • 140
사진 자료 제공 • 143
찾아보기 • 144

900년

900년 견훤, 후백제 건국
901년 궁예, 후고구려 건국
918년 왕건, 고려 건국

920년

926년 발해 멸망
927년 견훤, 신라 공격해 경애왕 사망

1 제국의 아침

930년
935년 견훤, 고려에 투항
       신라 멸망
936년 고려, 후백제를 멸망시키고 후삼국 통일

950년
956년 광종, 노비안검법 실시
958년 과거 제도 실시
976년 경종, 전시과 제도 실시

후삼국의 성립

궁예, 미륵의 나라를 세우다

궁예는 젊은 시절, 강원도 영월에 있던 세달사의 승려였다. 어느 날 궁예가 예불을 드리러 법당으로 가는데 까마귀 울음소리가 들렸다. 고개를 들어 쳐다보자 까마귀가 입에 물고 있던 기다란 막대기를 떨어뜨렸다. 궁예가 주워서 살펴보니 거기에는 임금 '왕(王)' 자가 새겨져 있었다.

'거참, 신기한 일이네. 혹시 내가 앞으로 왕이 된다는 계시가 아닐까?'

궁예는 가슴이 뛰었다.

'그래. 신라는 머잖아 멸망할 거야.

왕과 귀족들은 백성들의 어려움도 아랑곳하지 않은 채 권력 다툼에만 눈이 벌겋고, 곳곳에서 도적들이며 반란군이 일어나고 있으니…… 백성들은 미륵불 말고는 의지할 곳이 없지.'

9세기 말, 찬란한 문화를 자랑하던 천년 왕국 신라가 기울어 가자 여기저기에서 신라 정부를 따르지 않는 세력이 나타났다. 백성들의 어려움을 피부로 느끼고 있던 궁예도 농민군 지도자들이 일어난다는 소식을 듣고 절을 뛰쳐나왔다.

궁예는 북원의 실력자 양길의 부하가 되었다. 궁예는 곳곳에서 이름을 떨치던 다른 장군들과 달리 부하들과 함께 먹고 자며 어려움과 기쁨을 나누는 훌륭한 지도자였다. 많은 사람이 그를 존경하며 따르기를 원했고, 이렇게 힘을 키운 궁예는 곧바로 강원도와 경상북도 일대를 손에 넣을 정도로 성장했다. 궁예가 임진강과 예성강 유역을 아우르는 철원을 손에 넣자 송악의 지배자 왕륭이 아들 왕건을 데리고 궁예를 찾아왔다.

"장군님의 명성은 오래전부터 듣고 있었습니다. 기회가 되면 장군님을 모시고 싶었는데, 드디어 철원 땅을 차지하셨다는 소식을 듣고 이렇게 달려왔습니다. 보잘것없지만 제가 가진 송악을 장군님께 바치고자 합니다. 그곳에 성을 쌓으면 한 나라의 도읍지가 될 만합니다. 제가 비록 가진 것은 별로 없지만 장군님께 성을 쌓아 드리겠습니다."

궁예는 왕륭을 보며 고개를 끄덕였다. 싸워서 빼앗기느니 차라리 제 손으로 바치겠다며 찾아온 사람을 마다할 이유가 없었다. 하지만 궁예는 왕륭이 그 대가로 무엇을 원하는 것인지 궁금했다.

"장군님, 제게 아들이 하나 있습니다. 아직 어리지만 영특해서 장군님께

큰 도움이 될 것입니다. 제 아들을 송악의 성주로 삼아 주시지요."

궁예는 왕륭 옆에 앉아 있는 젊은이에게 눈을 돌렸다. 왕건이었다. 아직 얼굴에 수염도 나지 않은 소년이었다. 하지만 눈빛이 살아 있어 한눈에 보아도 보통 사람이 아님을 알 수 있었다. 왕륭과 왕건은 궁예의 부하가 되었다.

901년, 궁예는 송악을 도읍으로 삼고 후고구려를 세웠다. 세달사에서 얻은 '왕(王)' 자 막대기의 예언이 이뤄진 것이다. 나라 이름에서 알 수 있듯이 궁예는 고구려를 계승하겠다고 선언했다. 궁예의 세력 기반인 철원과 송악은 모두 옛 고구려 땅이었다. 궁예는 황해도와 평안도 지방을 아우르는 세력가의 딸과 결혼했다.

궁예는 타고난 신분에 의해서가 아니라 능력 있는 사람이 출세하는 나라를 만들고자 했다. 그 사실이 알려지자 신라의 골품 제도에 절망한 인재들이 후고구려로 모여들었다. 하지만 여전히 이 나라의 주인공은 성주나 장군으로 행세하는 호족이었다. 궁예는 이렇게 생각했다.

'비록 내가 왕이라고는 하지만 실제로는 여전히 호족이 이 나라를 다스리고 있구나. 호족은 스스로 군사력을 갖추고 백성들에게 세금까지 거둬들이고 있지 않은가. 호족의 세력을 누르지 않고서는 강한 왕이 될 수 없다. 하지만 아직은 나의 힘이 부족한데…… 옳거니! 백성들의 힘을 모아 호족을 누르고 백성을 괴롭히는 사람이 없는 나라, 미륵불이 다스리는 극락세계를 건설하면 되겠구나!'

신라에 실망하고 호족들에게 시달리던 백성들은 미륵불에게 자신들을 구해 달라고 빌었다. 미륵불은 언젠가 이 세계에 나타나 백성들을 구제해 준다는 미래의 부처이다. 궁예는 자신이 미륵불이라며 승복에 화려한 장식을 달고 금관을 썼다. 궁예의 두 아들은 미륵불을 모시는 보살이 되었다. 궁예가 외출할 때는 승려 200여 명이 궁예를 찬양하는 노래를 부르며 뒤따랐다. 급기야 궁예는 사람의 마음을 꿰뚫어 보는 관심법을 깨달았다고 했다. 관심법은 마음에 안 드는 사람들을 제거하는 수단이 되었다. 호족 가운데

후삼국의 범위
후고구려와 후백제의 세력이 커지면서 신라의 영토는 경주 부근, 경상도 지역으로 줄어들었다.

궁예 미륵
아담한 모양과 소박한 장식이 인상적인 미륵 삼존불. '궁예 미륵'이라는 별명으로 유명하다.
정식 명칭은 '국사암 석조 여래 입상'이며 경기도 안성에 있다.

궁예를 못마땅하게 여기는 기색을 보이거나 반발하는 사람들에게는 관심법으로 알았다며 이런저런 죄명을 붙여 죽이거나 재산을 빼앗았다.

이 모습을 마냥 지켜볼 수 없었던 왕비는 어느 날 저녁 조심스레 궁예의 침소를 찾았다. 혹시나 궁예의 마음을 거스를까 두려워 예의를 갖춰 말을 꺼냈다.

"전하, 예전에 전하께서는 부하와 백성의 어려움을 함께 나누시지 않으셨습니까. 자비로우신 전하의 모습에 많은 백성이 어버이처럼 믿고 따랐습니다. 그런데 지금은 모두 전하를 두려워합니다. 부디 옛 모습을 찾아 주시길 바랍니다."

왕비의 간곡한 말이 궁예의 귀에는 듣기 싫은 잔소리에 불과했다.

"왕비가 감히 나에게 어찌 그런 말을 할 수 있소. 무엄하구려. 혹시 왕비는 나 말고 다른 사람을 마음에 두고 있는 것이 아니오? 어서 바른대로 말하시오."

"무슨 말씀이신지요. 어찌 그런 일이 있을 수 있겠습니까."

"나는 관심법으로 모든 걸 알 수 있소. 왕비는 내게 거짓말을 하는구려. 도저히 용서할 수가 없소!"

궁예는 무쇠 방망이로 왕비를 내리쳤다. 어머니를 살려 달라며 매달리는 두 아들에게도 무쇠 방망이를 휘둘렀다. 호족을 경계한 나머지 호족 출신인 왕비와 두 아들마저 죽인 것이다.

궁예는 점점 폭군으로 변했다. 부하들과 어려움을 함께 나누던 모습은 사라지고, 강력한 힘을 갖기 위해 아무도 믿지 않고 누구도 배려하지 않는 폭군의 모습만 남았다. 궁예는 점점 백성들과도 멀어졌다. 백성들이 바란 것은 화려한 옷을 입고 권력을 휘두르는 무서운 왕이 아니라 백성들의 어려움을 알아주고 위로해 주는 자비로운 지도자였다. 승려들도 궁예가 미륵을 자처하는 것을 못마땅하게 생각하며 반대했고, 호족들도 궁예에게 반발했다.

결국 궁예는 모두에게 외면당하는 처지가 되고 말았다. 왕건이 궁예를 내쫓으려 군사를 일으켰을 때, 궁예 곁에는 아무도 남아 있지 않았다.

왕건, 우리는 고구려의 후예다

왕건은 스무 살 무렵에 궁예를 처음 만났다. 궁예가 철원을 차지하자 왕건의 아버지 왕륭은 궁예를 찾아가 복종하며 아들 왕건에게 성주 자리를 달라고 했다. 성주가 된 왕건은 자신의 손에 집안의 미래가 달려 있다는 사실을 누구보다 잘 알고 있었다.

왕건은 여러 전쟁터를 돌며 많은 승리를 거뒀다. 경기도와 충청도 지방을 손에 넣어 궁예에게 바쳤을 뿐만 아니라 해군을 거느리고 전라남도 나주를 차지해 후백제의 등 뒤를 노리기도 했다.

왕건은 궁예의 신임을 얻어 최고 벼슬인 시중에까지 올랐다. 그런데도 왕건은 궁예 곁에 머물러 있지 않고 계속 위험한 전쟁터로 나갔다. 공연히 왕의 곁에서 권력을 쥐고 있다가 왕의 의심을 살까 두려웠기 때문이다. 호족들을 견제하고 심지어 많은 사람을 죽인 궁예도 왕건을 어쩌지는 못했다. 왕건이 조심스럽게 행동해서이기도 하지만, 그가 힘 있는 호족 집안의 자손이었던 것도 만만치 않게 영향을 미쳤다.

백성들 사이에서 왕건의 인기는 대단했다. 젊을 때부터 온갖 전쟁에서 승리를 거둔 잘생긴 장군이라며, 가는 데마다 백성들이 왕건을 보기 위해 모여들었다. 왕건을 사모하는 처녀가 한둘이 아니었고, 부모들도 하나같이 왕건을 사위로 삼고 싶어 했다. 왕건이 자기 동네를 지날 때면 그 마을의 최고 부자가 왕건을 초대해서 자기 딸을 소개하곤 했다.

그들은 왕건을 사위로 맞아들여 든든한 배경을 만들고 싶었고, 왕건은 지방 호족을 자기편으로 만들고 싶었다. 첫째 부인 유씨와 둘째 부인 오씨는 그렇게 왕건과 결혼했다. 호족들과 든든한 친분 관계를 맺는 데 결혼만큼 좋은 것이 없었다. 왕건 주위에 호족들이 모여들면서 왕건의 힘은 점점 커졌다.

918년, 후고구려 장군들이 왕건의 집에 모였다. 홍유, 배현경, 신숭겸, 복지겸은 궁예를 바로 옆에서 모시던 네 명의 장군이었다. 그러나 궁예에 대한 호족들의 불만이 하늘을 찌르는 데다 궁예가 자신들마저 의심해 언제 죽일지 모르는 형편이

되자, 이들은 더 이상 궁예의 행태를 보고 있을 수만은 없다고 생각했다. 그래서 왕건을 새로운 왕으로 추대하려고 했다.

호족들은 같은 호족 출신인 왕건이 왕이 되어 새 시대를 열어 가기를 바랐다. 왕건이라면 궁예처럼 자신들을 억누르지 않을 것이라고 생각했기 때문이다. 하지만 왕건은 선뜻 나서지 않았다.

"왕이 되고 싶은 마음이 있다고 해서 왕이 될 수는 없지요. 이만들 돌아가시오."

그때 방문이 열리더니 왕건의 부인 유씨가 갑옷을 들고 들어왔다.

"장군! 궁예 왕의 폭정에 온 나라가 분노하고 있습니다. 여자인 저도 가슴에서 뜨거운 것이 밀려 올라와 당장 칼을 들고 나서고 싶습니다. 하물며 장군께서 참고만 계신다면, 백성들은 누구를 믿겠습니까? 어서 이 갑옷을 입고 칼을 잡으십시오."

"허허, 장군보다 부인께서 대장부 같으십니다. 우리 속이 다 시원하군요. 장군, 어서 결단을 내리시지요."

왕건은 마지못하는 척하며 부인 유씨가 건네주는 갑옷과 칼을 받아 들며 말했다.

"여러분이 이렇게까지 원한다면, 어쩔 수 없구려. 일단 일을 시작한 이상 시간을 끌 수 없소. 당장 궁궐로 쳐들어가 왕을 몰아냅시다."

왕건은 새로운 나라를 세웠다. 예전에 왕씨 집안의 재산으로 쌓은 송악의 성은 이제 새로운 나라의 새로운 도읍지가 되었다.

"새 나라의 이름을 '고려'라 하겠소. 고구려의 뒤를 이었기 때문이오. 나는 누구보다 북방을 잘 알고 있고, 고구려의 옛 영토와 전통을 소중히 여기는 사람이오. 나는 반드시 후백제와 신라를 합쳐 다시 삼한을 통일하고, 저 넓은 고구려의 옛 땅을 되찾고야 말겠소."

왕건은 새롭고 위대한 나라를 건설하겠다는 커다란 꿈을 향해 첫발을 내디뎠다.

견훤, 백제의 뒤를 잇다

궁예가 강원도 일대와 송악을 손에 넣을 무렵, 남쪽의 옛 백제 땅에서도 새로운 인물이 나타나 백성들의 마음을 얻고 있었다. 농민의 아들로 태어나 신라의 장수로 이름을 날린 견훤이었다.

견훤은 신라의 군인으로 여러 지방을 다니며 백성들의 고달픈 삶을 속속들이 보았다. 금성의 진골 귀족들이 즐기는 사치와 향락을 위해 백성들은 허리가 휠 정도로 무거운 세금을 바쳐야 했다. 게다가 도적들까지 들끓어 마음 놓고 농사를 지을 수도 없었다. 견디다 못한 농민들은 스스로 땅을 버리고 도적떼가 되거나 호족의 노비가 되었다.

견훤이 농민을 구하기 위해 군사를 일으킨다고 선언하자 많은 백성이 견훤을 지지했다. 892년, 견훤은 무진주를 차지하고 새로운 나라의 토대를 마련했다.

'나는 경상도 상주에서 태어났으니 백제와는 별 관련이 없다. 하지만 옛 백제 땅의 백성이 나를 따르는 이상, 나는 그들을 위해 옛 백제의 원한을

견훤 산성
경상북도 상주에 있는 산성으로, 견훤이 쌓았다고 전해진다. 후백제를 세운 견훤은 상주 가은현(오늘날의 경상북도 문경)에서 태어났는데, 상주와 문경에는 견훤에 대한 전설을 간직한 곳이 많다.

갚아 줄 의무가 있다. 의자왕의 억울함을 신라에게 되갚아 주리라.'

900년, 견훤은 완산주를 도읍으로 삼고 나라를 세웠다. 나중에 사람들은 이 나라를 '후백제'라 불렀다.

견훤이 선택한 완산주는 넓고 기름진 평야가 있었고, 물길이 이어져 교통이 편리했다. 서해를 통해 중국과 교류하기도 좋은 곳이었다. 완산주 남동쪽에 지붕을 2층으로 올린 거대한 궁궐을 짓고, 그 앞으로 관청과 백성들의 집도 지었다.

후백제는 후고구려나 신라보다 외교적인 노력이 돋보였다. 일본과 중국에 여러 차례 사신을 내보내서 후백제의 이름을 알렸고, 좋은 관계를 맺으려고 노력했다. 견훤은 한 나라를 세우고 키워 가려면 국제적인 감각이 중요하다는 것을 일찌감치 알고 있었다. 후고구려의 궁예가 미륵불을 자처하며 민심을 잃는 동안, 후백제는 착실하게 영토를 넓혀 나갔다.

왕건이 고려의 왕으로 즉위했을 때 견훤은 축하 사절을 보내 주었다. 사실 왕건은 15년 전 후백제의 중요한 땅인 나주를 빼앗아 간 원수였다. 왕건이 나주를 차지하고 서해를 지배하는 바람에 후백제는 중국의 오나라와 월나라로 가는 길을 잃고 말았다.

그 생각을 하면 머리털이 곤두섰지만, 견훤은 나라를 안정시키는 데 외교 관계가 얼마나 중요한지를 잘 알고 있었다. 견훤은 냉정하게 사태를 판단했다. 아직은 고려와 싸울 때가 아니었다.

두 나라는 서로 싸우지 않기로 하고 약속의 표시로 인질을 교환했다. 왕건은 사촌 동생 왕신을 후백제로 보냈고, 견훤은 조카인 진호를 고려에 보냈다.

하지만 친선 관계는 오래가지 못했다. 고려에 인질로 보낸 진호가 갑자기 죽은 것이다. 고려에서는 병으로 죽었다면서 진호의 시신을 보내 주었지만, 견훤은 진호가 병으로 죽었다는 말을 믿을 수 없었다.

"건강하던 진호가 이렇게 갑자기 죽었는데, 병들어 죽었다는 말을 어찌 믿으란 말이냐. 분명히 고려놈들이 진호를 죽이고서 거짓말을 하는 것이다. 도저히 용서할 수 없다. 고려에서 온 인질을 데려와라. 진호가 죽었는데, 그놈을 어찌 살려 두겠느냐."

견훤은 왕신을 잔인하게 살해했고, 왕건도 사촌 동생이 살해당했다는 소식에 몸을 부르르 떨었다.

"병으로 죽은 것은 사람의 힘으로 어쩔 수 없지만, 왕신이 무슨 죄가 있다고 그토록 잔인하게 죽인단 말이냐. 내 꼭 왕신의 억울함을 갚아 줄 것이다."

이제 화친은 깨졌다. 후백제와 고려는 돌이킬 수 없는 전쟁의 소용돌이로 빠져들었다.

1 제국의 아침 • 23

고려, 삼한을 다시 하나로

불붙은 통일 전쟁

927년, 견훤의 군대가 신라의 수도 금성을 향해 진격했다. 고려와 친선 관계가 깨진 뒤 신라와 후백제가 맞닿은 경상도 지역을 야금야금 먹어 들어가는 고려 때문에 견훤은 골머리를 앓았다. 이러다가 고려가 신라를 다 차지하는 건 아닐까 걱정이 되었다. 게다가 신라의 경애왕도 왕건에게 구원병까지 보내 주며 후백제를 견제하려고 했다. 견훤은 머리끝까지 벌게질 만큼 화가 났다.

"제 나라 땅도 제대로 지키지 못하는 주제에 왕건에게 군대를 보내 주며 우리를 치라고 하다니! 고려에 붙은 경애왕을 절대로 용서할 수 없다. 경애왕을 없애 후백제의 힘을 보여 줘야겠다."

후백제 군대는 순식간에 금성을 짓밟았다.

"신라 왕은 어디 있느냐? 신라 왕을 사로잡아 항복을 받아야 한다."

견훤은 신라 왕이 있다는 포석정으로 달려갔다. 신라의 왕과 귀족들은

포석정
신라 왕족과 화랑들이 술잔을 띄우고 즐기던 놀이터로 알려져 있다. 경애왕이 견훤에 의해 비참한 죽음을 맞은 장소로 유명하다.

포석정에 모여 있었다.

"군대가 쳐들어왔는데, 왕과 귀족이라는 자들이 칼을 들고 싸울 생각은 하지 않고 이런 데 모여서 뭘 하고 있었느냐. 살려 달라고 제사라도 지내고 있었는가? 아니면 죽기 전에 마지막으로 잔치를 벌이고 있었는가?"

견훤은 끌려 나온 경애왕을 보자 자기도 모르게 화가 났다.

"명색이 천년 왕국 신라가 아닌가. 신라의 왕이라는 자가 어찌 이토록 한심하단 말인가. 살려 둘 가치도 없구나. 자기 손으로 목숨을 끊어야 마땅할 것이다."

경애왕은 눈물을 흘리며 스스로 목숨을 끊었다. 경애왕이 죽자 견훤은 신라의 왕족 김부를 왕으로 삼았다. 그가 바로 신라의 마지막 임금 경순왕이다. 후백제의 군사들은 금성을 마구 약탈하며 사람들에게 겁을 주었다. 앞으로는 감히 신라가 고려 편을 들지 못할 것이라고 생각했다.

한편 후백제가 신라를 쳤다는 소식을 듣고 화가 난 왕건은 몸소 군대를 이끌고 공산(오늘날의 대구 팔공산)으로 내려갔다. 견훤의 군대가 공산을 지날 때 왕건의 군대가 공격을 시작했다. 하지만 견훤의 군대도 만만치 않았다. 왕건의 군대는 공산 전투에서 크게 패하고 말았다. 고려의 군대는 뿔뿔이 흩어졌고, 후백제의 군대가 왕건을 포위했다.

후백제는 포위망을 점점 조여 오고 있었지만, 왕건의 주위에는 남은 병사가 거의 없었다.

"아! 하늘은 이제 나를 버리시려는가……."

왕건이 하늘을 우러르며 탄식하고 있을 때 어디선가 왕건의 부하 신숭겸과 김낙이 군사 몇 명과 함께 나타났다.

"후백제의 군사들이 폐하를 찾고 있사옵니다. 어서 빨리 이곳에서 탈출하셔야 합니다. 폐하의 갑옷과 투구를 저에게 주시고, 제가 가져온 병졸의 옷으로 갈아입으십시오. 제가 폐하로 위장해 적을 유인하겠습니다."

신숭겸의 말을 듣던 왕건은 눈물을 흘렸다. 신숭겸과 왕건은 의형제였다. 함께 궁예를 몰아냈고, 전쟁터를 누비던 동지였으며 누구보다 믿을 수 있는 부하였다.

"폐하에게 고려의 미래가 달려 있사옵니다. 지체할 시간이 없습니다. 어서 갑옷을 주시지요."

신숭겸은 왕건의 옷으로 갈아입고 큰절을 올렸다.

"폐하, 부디 이 어려움을 이겨 내시고, 삼한을 통일하는 대업을 이루시옵소서."

왕건으로 변장한 신숭겸은 김낙과 함께 군사를 이끌고 적을 유인하기 위해 뛰어나갔다. 후백제의 군사들은 신숭겸을 왕건으로 알고 그 뒤를 쫓았다.

왕건은 남은 병사들과 함께 반대 방향으로 도망쳤다. 비록 신숭겸이 적들을 유인하고 있다고는 하지만, 고려의 병사 복장을 한 왕건도 안전할 수는 없었다. 몇 번이나 죽을 고비를 넘기며 도망치던 왕건은 새벽달이 뜰 무렵에야 겨우 후백제의 추적을 따돌리고 한숨 돌릴 수 있었다.

왕건을 대신해 후백제 군사를 유인하던 신숭겸은 장렬하게 전사했다. 왕건은 머리가 없어진 신숭겸의 시신을 찾아낸 뒤 통곡했다. 공산 전투는 왕건에게 잊을 수 없는 치욕스러운 패배였다.

하지만 3년 뒤에 다시 맞붙은 고창(오늘날의 경상북도 안동) 전투에서는

신숭겸 장군 묘
왕건은 신숭겸을 위해 금으로 머리를 만들어 장례를 치러 주었다. 사람들이 금을 탐내어 무덤을 파헤칠 것을 염려해 봉분을 3개나 만들었다고 한다. 천하 명당의 자리로 유명하며 강원도 춘천에 있다.

처지가 바뀌었다. 3년 동안 복수의 칼을 갈아 온 고려군이 후백제군을 크게 이겼고, 겨우 목숨만 건져 달아난 쪽은 견훤이었다. 고려군이 고창에서 크게 승리한 데는 이 지역의 호족인 김선평, 장길, 권행의 도움이 컸다. 명주의 호족 김순식도 모든 것을 걸고 고려를 도왔다. 왕건은 고창의 이름을 안동으로 고쳐 주고, 성주 김선평에게 큰 벼슬을 내렸다. 김순식에게는 왕씨 성을 내려 주었다.

934년 9월, 왕건이 직접 군대를 이끌고 운주성(오늘날의 충청남도 홍성)의 견훤을 공격했다. 운주성 전투에서는 왕건의 부하인 유금필이 눈부신 공을 세우며 승리를 이끌었다. 고려가 중요한 전투마다 승리를 거두면서 전쟁의 주도권은 다시 고려로 넘어왔다.

후백제와 고려가 싸우는 동안 두 나라 사이에 끼어 있던 호족과 백성들은 어느 쪽이 이길지 숨을 죽이고 지켜보았다. 어지러운 시대를 슬기롭게 헤쳐 나가기 위해서는 신중한 판단이 필요했기 때문이다.

고려가 고창 전투와 운주성 전투에서 승리하자 호족들 가운데 많은 수가 고려 편에 서기로 마음먹었다. 스스로 군대를 이끌고 왕건 밑으로 들어오는 호족이 점점 많아져 이제 대세는 고려 쪽으로 기울고 있었다.

고려의 후삼국 통일

고려와 후백제의 갈등이 한창이던 어느 날 밤, 견훤은 금산사 법당에 홀로 앉아 창문 틈새로 들어오는 달빛을 바라보고 있었다. 금산사에 갇혀 오도 가도 못하는 자기 신세를 생각하니 견훤은 울분을 참을 수 없었.

비록 견훤이 고창 전투에서 패해 많은 땅을 고려에 빼앗겼지만 아직 싸움이 끝난 것은 아니었다. 후백제는 다시 군대를 가다듬어 고려를 향한 공격의 고삐를 늦추지 않았지만, 견훤의 아들들은 견훤의 꿈을 꺾고 말았다.

견훤은 왕건처럼 호족들을 아우르기 위해 여러 부인을 맞아들여 10명이 넘는 아들을 낳았다. 견훤은 그 가운데 넷째 아들 금강을 유독 사랑했다. 금강은 누구보다 총명하고 용맹했다. 하지만 모두가 금강을 왕위 계승자로 생각한 것은 아니었다. 견훤의 충실한 신하인 능환은 맏아들 신검이 왕위를 이어야 마땅하다고 생각했다. 첫째 신검과 넷째 금강 사이에 왕위를 둘러싸고 다툼이 일어났다. 이 싸움에서 신검은 능환의 도움을

받아 금강을 살해하고, 아버지인 견훤마저 금산사에 가둔 뒤 후백제 2대 임금이 되었다. 아들에게 배신당해 절에 갇힌 신세가 된 견훤은 너무나 분해서 견딜 수 없었다.

"고얀 놈 같으니. 내가 어찌 세운 나라인데, 왕 자리에 눈이 어두워 동생을 죽이고, 아비에게 칼을 들이댄단 말인가. 신검! 내 너를 결코 용서할 수 없다. 너 같은 놈에게 절대 나라를 넘겨줄 수가 없어. 하지만 지금 후백제 전체가 신검의 손아귀에 넘어가 있으니, 어찌하면 좋단 말인가? 갇혀 있는 몸으로 어떻게 신검을 벌 줄 수가 있을까?"

견훤은 고민 끝에 결단을 내렸다.

아무리 생각해 봐도 후백제의 왕이 된 신검과 겨룰 수 있는 사람은 고려의 왕건뿐이었다. 견훤은 석 달 만에 금산사를 탈출해 나주로 향했다. 나주는 왕건이 지배하는 곳이었다. 견훤은 원수였던 왕건에게 몸을 맡겼다.

왕건은 견훤을 따뜻하게 맞아 주었다. 견훤이 자기 밑으로 들어온 것이 왕건에게는 엄청난 행운이었다. 후백제를 공격할 명분을 얻었고, 후백제의 장수 가운데 몇몇이 견훤을 따라 고려에 투항했다. 또 원수 사이였던 견훤마저 후하게 대접하는 것을 본 호족들은 왕건을 칭송하며 그 밑으로 몰려들었다.

게다가 생각하지도 않았던 신라마저 고려에 항복했다. 천년을 지켜 온 신라가 싸움 한번 해 보지도 않고 항복을 하다니! 신라의 경순왕은 견훤이 왕건에게 후한 대접을 받는 것을 보고 마음이 흔들렸다. 경순왕도 신라를 되살리기에는 너무 늦었다는 사실을 잘 알고 있었다. 차라리 항복하면 백성들의 고통도 덜할 테고, 자신을 포함한

금산사 미륵전
전라북도 김제에 있는 금산사는 견훤이 아들과의 권력 투쟁에서 밀려나 갇혀 있던 곳이다.
금산사 미륵전은 조선 시대에 만든 3층 건물로 국보 제62호이다.

신라의 왕족들도 계속 안정된 생활을 할 수 있을 것이라고 생각했다.

이제 남은 것은 신검이 이끄는 후백제였다. 왕건은 가을걷이가 끝나기를 기다려 후백제를 공격했다. 이때 고려 군사를 이끈 사람은 다름 아닌 견훤이었다. 936년, 신검은 일리천(오늘날의 경상북도 선산) 전투에서 제대로 싸워 보지도 못한 채 허망하게 패배하고 말았다. 후백제의 군사들은 한때 왕이었던 견훤을 차마 공격할 수 없었던 것인다. 견훤이 나라를 세운 지 45년 만에 견훤의 손에 후백제가 멸망했고, 후삼국은 다시 하나의 나라가 되었다. 새로운 통일 국가 고려가 탄생한 것이다.

신라의 마지막 태자

935년 10월, 신라가 항복해 고려의 수도 개경이 축제 분위기에 휩싸여 있을 때 금성에서는 백성들의 통곡이 하늘을 찌르고 있었다. 고구려와 백제를 무너뜨리고 삼한을 지배했던 신라가 역사의 무대 뒤로 영원히 사라진 것을 슬퍼하는 백성들의 울음이었다.

이전에 견훤이 신라를 강하게 공격하자 경애왕은 고려에게 도움을 요청했다. 그때 부드러운 미소를 띠며 다녀간 태조 왕건의 모습은 신라를 치러 왔던 견훤과 달랐다. 백성들은 친지를 만난 것 같다며 기뻐했다.

하지만 스스로 왕건의 백성이 되고 싶었던 것은 아니었다. 그들은 비록 후백제나 후고구려 같은 새로운 세력이 나타나서 영토가 좁아지더라도 삼한을 통일한 신라 사람이고 싶었다.

개태사의 전경과 삼존 석불
왕건이 후백제와의 마지막 전투를 치르고 나서 후삼국을 통일한 기념으로 세운 절이 충청남도 논산에 있는 개태사(오른쪽)이다. 부처 셋이 서 있는 석불(왼쪽)은 씩씩한 무인의 모습을 닮아 있다.

신라에서 그들은 서울 사람이었다. 그러나 이제는 촌뜨기라고 여겼던 북쪽의 변두리 개경이 중심이 되었고, 금성은 지방이 되어 버렸다. 왕족들은 스스로 항복했다는 이유로 개경으로 옮겨 가 벼슬도 받고 땅도 받았지만, 신라 백성들의 처지는 180도 바뀌고 말았다. 전쟁으로 목숨을 잃지 않은 것은 다행이었지만, 이제 금성인이라는 자부심을 버리고 고려의 백성으로 살아가야 했다. 그런 신라인들에게 부귀영화를 버린 태자의 이야기는 큰 위안을 주었다.

"태자께서 차라리 끝까지 싸우다 죽자고 하셨다면서?"

"다들 나라보다는 제 살길 찾느라 바쁘더니만, 태자 전하야말로 진정한 신라인의 모습을 보여 주신 게야."

"그게 다 무슨 소용인가? 결국 나라는 넘어갔는걸. 태자 전하는 승려가 되려고 금강산으로 가셨다면서?"

"그게 아니라 고려를 치고 나라를 되찾기 위해 군사를 모은다던데?"

"그게 사실인가? 하지만 누가 재산을 내어 군대를 만들겠나? 진골들은 죄다 고려 임금에게 잘 보이려고 기를 쓰고 있더구먼."

"우리 같은 사람들이야 가진 것도 없는데 어떻게 태자 전하를 도울 수 있겠나. 그저 전하께서 군대를 일으키면 달려가 몸뚱이나 바칠 수밖에."

"에끼, 이 사람아. 자식들 생각은 안 하나? 태자께서 군대를 일으킨다고 해도 정말 고려를 이길 수 있겠나? 자자손손 노비 만들 생각이 아니걸랑 아예 그런 소리는 하지도 말게."

"그래도 태자께서 신라인의 마지막 자존심은 지켜 주신 것 같네그려."

사람들은 소곤소곤 태자에 대해 이야기했다. 백성들은 그를 베옷을 입은 태자라고 하여 '마의 태자'라고 불렀다. 마의 태자가 거쳐 간 길마다 나라 잃은 백성들의 한탄과 염원이 담긴 전설이 남았다.

고려 태조 왕건의 정책

왕건은 드디어 삼한 통일의 주인공이 되었다. 하지만 통일하는 것보다 나라를 잘 다스려 안정시키는 일이 더 어려웠다. 호족은 여전히 막강한 군대를 가지고 있었다.

왕건이 죽고 난 뒤에도 호족들이 고려에 충성을 바칠지는 알 수 없는 일이었기 때문에 왕건은 호족의 지지를 얻기 위해 그 딸들을 아내로 맞이했다. 특별히 중요하게 생각하는 호족에게는 왕씨 성을 내려 주기도 했다. 그 결과 왕건의 아내는 29명이나 되었고 그 사이에서 태어난 자녀만도 수십 명이었다.

'왕자와 공주가 수십 명이나 되니, 왕실과 사돈을 맺을 집안도 많아지겠구나. 지금도 힘센 호족들이 모두 왕실 식구이기 때문에 더 늘어나면 나라에 골치 아픈 일이 생길 텐데, 이를 어쩐다······.'

고민하던 왕건은 좋은 방법을 생각해 냈다. 왕자에게는 왕씨 성을 주고,

공주에게는 어머니의 성을 주어 서로 결혼시켰다. 그렇게 하면 왕실의 사돈 가문이 늘어날 염려가 없었다. 또 가족으로 단단히 얽혀 갈등도 줄어들 것이라고 생각했다. 그래서 이미 결혼한 큰아들 왕무와 둘째 아들 왕요를 제외하고, 셋째 아들 왕소부터는 어머니가 다른 여동생을 아내로 맞이하게 되었다.

왕건은 백성의 생활을 안정시킬 방법도 연구했다.

'전쟁이 끝났으니 이제 백성들의 생활을 살펴야 해. 고려는 고구려·백제·신라를 모두 끌어안아 진정한 민족의 통일을 이뤄야 한다. 그러려면 모든 고려 백성의 마음을 얻는 것이 중요하지.'

오랫동안 전쟁이 계속되어 백성들은 마음 편히 농사짓기도 어려웠다. 농사지은 곡식은 군량미로 걷어가 버리곤 했으니, 봄이 되면 백성들의 굶주림은 더욱 심할 수밖에 없었다.

왕건은 무거운 세금과 오랜 전쟁에 시달린 백성들을 어루만지기 위해 봄에 곡식을 빌려주고 가을에 약간의 이자와 함께 돌려받는 제도를 만들었다. 그리고 흑창이라는 기관을 만들어 이를 관리하게 했다.

왕건은 막강해진 군사력으로 예전에 잃어버린 고구려의 땅을 되찾기 위해서 노력했다. 그래서 서경(오늘날의 평양)을 북쪽으로 나아가기 위한 발판으로 삼았고, 멸망한 발해 백성들을 받아들여 북쪽 땅에 살도록 도와주었다.

그 사이 거란이 사신을 보내 사이좋게 지내자는 메시지를 보내왔다. 거란은 북방에 사는 유목 민족으로, 얼마 전 세력을 결집해 나라를 세우고 세력을 넓히고 있었다. 발해를 멸망시킨 나라가 바로 거란이었다. 왕건은 고민에 빠졌다.

'나라를 세운 지 얼마 되지 않았으니 이웃 나라와 사이좋게 지내는 게 나을 거야. 하지만 거란은 발해를 멸망시킨 나라가 아닌가. 내가 거란과 사이좋게 지내려고 하면 고려로 들어와 있는 발해 출신 사람들이 반발할 게 뻔해. 이제 겨우 통일을 이룬 마당에 내부 분열이 일어나면 안 되겠지. 또 우리 고려가 옛 고구려 땅을 되찾기 위해서는 어차피 거란과 대결할 수밖에 없어.'

1 제국의 아침 · 37

〈훈요십조〉
왕건이 후손에게 남겼다는 열 가지 가르침이다. 왕건의 사상과 정책을 알 수 있는 소중한 자료이다.

깊이 고심하던 왕건은 비로소 결단을 내렸다. 거란에서 보내온 사신을 유배 보내고, 그들이 선물로 가져온 낙타 50마리를 만부교 다리 밑에 매어 놓고는 먹이를 주지 않아서 굶어 죽게 했다. 50마리의 낙타가 울부짖는 소리가 온 개경에 퍼졌다.

삼한을 통일한 왕건은 결혼을 통해 호족들의 마음을 잡았고, 백성들의 어려움을 어루만져 나라를 안정시켰으며, 북방의 나라들과 정면 대결할 것을 선언해 나라의 갈 길을 분명히 했다.

궁궐 기와 장식
다양한 무늬로 기와를 장식했음을 알 수 있다.

고려의 궁궐
송악산의 경사진 지형을 이용해 웅장하게 세워진 고려 궁궐의 모형이다. 높이 7.8미터에 이르는 돌계단을 올라가면 행사를 치르던 회경전이 나온다.

궁궐을 지키는 용머리 장식
매서운 눈초리와 날카로운 이가 살아 있는 듯 생생하다.

광종과 제국의 아침

두 번째 임금, 혜종

"폐하! 저희를 버리지 마십시오!"

"아버님, 이대로 가시면 아니 되옵니다!"

왕무와 여러 왕자 그리고 시종들이 모두 무릎을 꿇은 채 통곡을 하고 있었다. 고려의 건국자, 삼한 통일의 영웅, 태조 왕건이 마지막 숨을 거뒀다. 그리고 장남 왕무가 고려의 2대 임금, 혜종이 되었다.

왕무의 고향은 전라도 나주였다. 태조가 궁예의 장수로 있으면서 나주를 점령했을 때 오씨를 만나 결혼했고 왕무를 낳았다. 아버지가 고려를 세울 때 일곱 살이었던 왕무는 3년 뒤에 왕위 계승자가 되었다.

왕무는 그때부터 부지런히 왕이 될 준비를 했다. 태조가 북방의 전쟁터로 떠나면 남아서 국정을 챙겼고, 태조가 남쪽으로 원정을 떠나면 북방의 국경을 살폈다. 신라의 경순왕이 항복할 때 그를 맞으러 나간 것도 왕무였고, 후백제를 멸망시킬 때 선봉에 서서 군대를 지휘한 것도 왕무였다.

그러나 서른둘의 한창 나이에 왕위에 오른 혜종은 자신의 능력을 충분히 발휘할 수가 없었다. 그의 주위에는 적이 너무 많았다. 배다른 동생들이 모두 그의 라이벌이었다. 동생의 외가는 자기 외손자를 왕위에 올리려고 기회를 엿보고 있었다. 바로 아래 동생인 왕요와 왕소의 외가는 충주 유씨로 세력이 가장 컸다. 서경의 실력자 왕식렴도 충주 유씨의 편이었다. 또 다른 동생 광주원군의 외할아버지는 막강한 군대를 가진 왕규였다. 그들 모두가 혜종에게 위협이 되었다. 하지만 혜종의 고향 나주는 개경에서 멀리 떨어져 있었고, 외가인 나주 오씨는 동생들을 뒷받침해 주는 가문에 비해 세력이 약했다.

혜종은 아버지 태조처럼 결혼을 통해 이들을 품어 안고자 했다. 왕자 시절에 이미 왕규의 딸을 아내로 맞았고, 자신의 처제를 왕요에게, 큰딸을 왕소에게 시집보냈다. 하지만 두 동생은 야망을 버리지 않았다.

철불
충청남도 서산의 보원사 터에서 출토된 철불이다. 자신감 넘치는 얼굴, 단단한 어깨와 가슴 근육 등이 고려 초기 호족의 자신감을 보여 준다.

왕위를 탐내는 사람들은 혜종을 죽이려고까지 했다. 혜종의 침실에 자객을 보낸 것이다. 혜종은 이런 일이 일어날 것을 대비해 자기 주변을 철저하게 지키도록 했다. 왕의 침실로 한 발짝 다가선 자객은 혜종을 지키던 무사들에게 들켜 잡히고 말았다.

"자객을 아무도 모르게 죽이도록 하라."

"폐하, 자객을 죽여 버리면 누가 시켰는지 알 수가 없습니다. 자객을 보낸 자를 찾아내어 큰 벌을 내려야 마땅합니다."

"그럴 필요 없다. 내가 부족해서 이런 일이 벌어진 것이니, 문제 삼지 않도록 하라."

그 뒤 혜종은 잠자리를 자주 바꿔 가며 자객을 피하는 방법을 썼다. 혜종은 자신의 생명을 노리는 자가 누구인지 대강 짐작하고 있었다. 하지만 그에게는 이들을 처단할 힘이 없었다. 혜종은 오히려 이 일을 해결하려다가 스스로 난처해질 것을 걱정했다.

하루하루 생명의 위협을 느끼며 혜종은 점점 불안해졌다. 먹을 것에 독이 들었을까 봐 마음 놓고 밥을 먹을 수도 없었고, 언제 자객이 칼을 들고 들이닥칠지 몰라 잠도 편히 잘 수 없었다. 건강하던 혜종은 날이 갈수록 수척해졌고 신경도 예민해졌다. 왕을 암살하려는 대역 죄인조차 벌줄 수 없는 힘없는 왕, 목숨을 부지하기도 어려운 왕, 그것이 바로 혜종의 모습이었다.

왕위에 오른 지 2년 만에 혜종은 세상을 떠났다. 혜종의 죽음은 병사라고 기록되었다. 하지만 어떤 사람들은 혜종이 살해당했을지도 모른다고 수군거렸다. 혜종의 시대는 이렇게 피어 보지도 못한 채 막을 내렸다.

최후의 승리자, 광종

혜종의 뒤를 이어 즉위한 사람은 정종 왕요였다. 하지만 그 역시 4년 만에 세상을 떠났다. 그리고 동생인 왕소가 왕위에 오르니 그가 바로 광종이다.

광종이 즉위했을 때 고려는 그야말로 어수선했다. 태조가 죽은 지 10년도 안 되어 세 명의 왕이 바뀐 셈이다. 젊은 왕이 거듭 일찍 죽으면서 왕의 권위는 약해졌고, 왕실을 둘러싼 호족들의 위세는 점점 커졌다. 관리들은 서로 눈치를 보며 술렁였고, 나라 정책도 일관성이 없었다. 백성들은 거듭되는 왕실의 변란으로 심란했을 뿐만 아니라 치솟는 세금 때문에 고달팠다.

스물다섯의 나이에 왕이 된 광종은 앞서간 형들보다 지지해 주는 세력이 훨씬 많았다. 외가인 충주 유씨와 처가인 황주 황보씨는 모두 힘센 가문이었다. 개경 근처의 호족이면서 강력한 군대를 가지고 있던 박수경도 광종의 편이었다. 광종은 호족들의 지지를 받아 왕이 될 수 있었지만, 그만큼 호족의 눈치를 봐야 했다.

"짐은 덕이 부족하지만 여러분의 도움으로 이 자리에 올랐으니 앞으로도 잘 부탁드리겠습니다. 우선 공이 큰 공신들에게 상을 드리고 싶군요. 대광 박수경께서 책임지시고 공이 큰 분들을 알아봐 주세요. 공을 세운 횟수에 따라 공신을 나누고 그에 맞춰 쌀을 내리겠습니다."

광종의 겸손한 행동에 호족들은 흐뭇해 했다. 하지만 광종은 겉으로는 호족을 잘 대접해 주면서 조금씩 왕의 힘을 키울 방법을 생각하고 있었다. 우선은 세금을 제대로 걷어 나라의 곳간을 잘 채워야 했다.

"나라를 다스리기 위해서는 조세를 제대로 걷어야 합니다. 그런데 지금까지 조세를 걷는 기준을 마련하지 못했습니다. 지방에 있는 호족들의 재산을 조사하고, 또 어느 지방에서 어떤 물건이 많이 나는지 자세히 파악하세요. 그것을 근거로 해마다 나라에 바칠 공물을 정하게 하면 억울하게 조세를 많이 내는 사람 없이 골고루 걷을 수 있을 겁니다."

광종은 해마다 정해 놓고 공물을 바치게 함으로써 호족들의 재산이 너무 많이 늘어나지 않도록 조정했다. 그리고 어느 지역에서 누가 가장 재산이 많고 노비가 많은지 눈여겨보았다. 그가 가장 위험한 인물일 것이기 때문이다.

"아버님께서 내 이름을 빛난다는 뜻의 '소'라고 지으셨지. 태양처럼 빛나는 강력한 왕. 그게 바로 내가 이뤄야 할 숙제야. 하지만 지금은 태양인 왕보다 별들인 호족이 더 빛나는 밤이구나. 조금 더 기다리자. 내 힘을 키울 때까지. 그때가 되면 왕권을 위협하는 놈들을 모조리 쓸어버리고 고려의 기틀을 튼튼히 닦을 테다."

왕위에 오른 다음 해에 광종은 스스로 황제임을 천하에 알렸다. 그는 중국의 황제처럼 연호도 정했다. 중국에서는 새 왕이 즉위하면 연호를 정해 그해부터 1년씩 더해 연도를 셌다. 이렇게 황제는 자신의 시대가 열렸음을 알리려고 했던 것이다.

광종은 연호를 '빛의 덕'이라는 의미로 '광덕'이라 지었다.

"황제 폐하 만세! 고려국 만세! 만세! 만만세!"

신하들은 광종의 덕이 따스한 햇살처럼 자신들을 비춰 주길 바랐다. 하지만 광종은 이글이글 타오르는 태양이 되어 그들을 모두 태워 버릴 작정이었다.

개혁으로 이룬 제국의 아침

광종은 8년 동안 호족들의 비위를 맞추는 한편 조금씩 자기 세력을 키워 나갔다. 호족들이 안심하고 있을 무렵 광종은 오랫동안 벼러 왔던 칼을 뽑았다.

"후삼국의 혼란기에 억울하게 노비가 된 백성이 많습니다. 임금이 된 입장에서 어찌 그들의 고통을 모른 척할 수 있겠습니까. 지금 노비들을 조사해서 원래 일반 백성이었다가 억울하게 노비가 된 사람들을 풀어 주고자 하니 경들은 시행하세요."

"노비들을 풀어 주다니요? 호족들에게는 노비가 가장 큰 재산이요, 중요한 군대입니다. 노비들을 풀어 주면 호족들의 손해가 너무 큽니다. 그건 절대 안 되는 일입니다."

"폐하, 어찌 한 번 천민이 되었던 자들이 다시 양인이 될 수 있겠습니까. 노비들이 주인을 우습게 알면 나라가 어찌 되겠습니까. 다시 생각해 주옵소서."

"모든 노비를 다 풀어 주라는 것도 아니지 않습니까? 억울하게 노비가 된 사람을 풀어 주라는데 왜 안 된다는 겁니까? 백성이 있고서야 나라가 있는 것입니다."

호족들의 반발에 광종은 꿈쩍도 하지 않았다. 노비들은 천한 신분에서 해방될 수 있다는 소식에 기뻐 어쩔 줄 몰랐다. 관청마다 억울하게 노비가 된 사연을 신고하고, 나라 법을 어겨 가며 노비를 늘린 호족을 고발하는 사람들로 북적였다. 관청에서는 신고한 사람이 원래 노비였는지, 억울하게 노비가 되었는지를 조사해서 억울하게 노비가 된 경우에는 노비 신분에서 벗어나게 해 주었다. 호족들은 소중한 재산인 노비를 잃었을 뿐 아니라 국가의 법을 어긴 파렴치한 사람이 되었다. 게다가 얼마 전까지 사람 취급도 안 했던 노비들이 눈을 부릅뜨고 덤벼들자 분통이 터졌다.

하지만 노비에서 일반 백성으로 되돌아온 사람들은 황제를 은인으로 여겼다. 이들이 다른 백성들처럼 국가에 세금을 바치자, 호족의 세력을 약하게 만들고 나라의 살림살이를 튼튼하게 만들려는 광종의 두 가지 목적을 한꺼번에 이룬 셈이었다. 호족의 날개를 꺾었으니 이제 왕에게 충성하는 새로운 인물을 뽑아야 했다.

광종은 중국 출신 학자인 쌍기의 의견을 들어 과거 제도를 만들었다. 쌍기는 중국의 후주에서 고려에 사신으로 왔다가 아예 고려인이 되었다. 광종은 쌍기의 학식과 경험을 높이 사서 그를 자신의 곁에 두었다.

과거를 통해 새로운 인물들이 관리로 들어왔다. 과거는 집안 배경보다 실력을 중요시하기 때문에 집안이 보잘것없는 사람들도 기회를 얻을 수 있었다. 능력에 따라 출세할 수 있는 세상, 후삼국 시절부터 많은 사람이 꿈꿔 왔던 세상이었다. 이들은 그동안 왕에게 위협이 되어 왔던 강력한

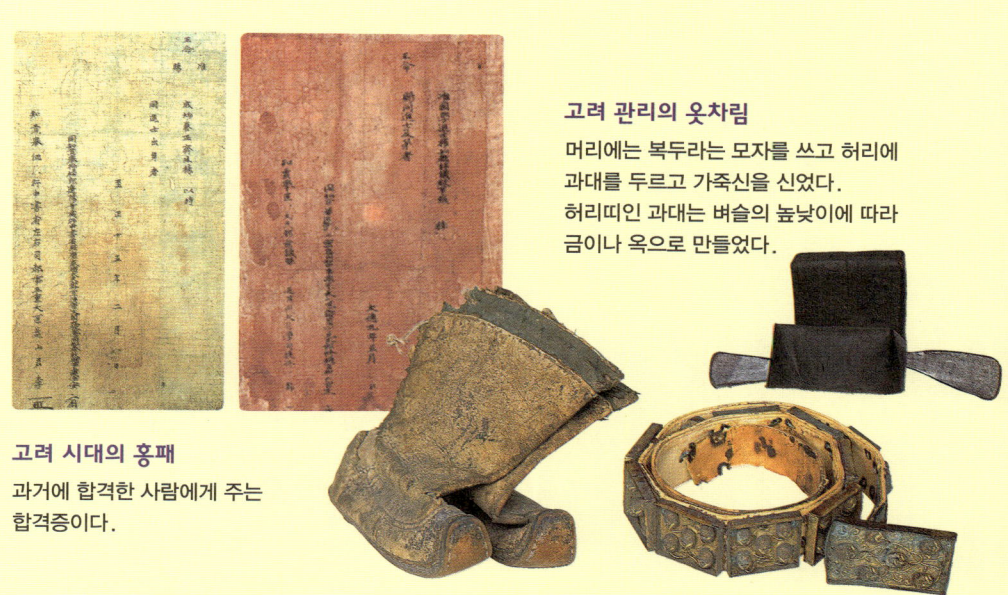

고려 관리의 옷차림
머리에는 복두라는 모자를 쓰고 허리에 과대를 두르고 가죽신을 신었다.
허리띠인 과대는 벼슬의 높낮이에 따라 금이나 옥으로 만들었다.

고려 시대의 홍패
과거에 합격한 사람에게 주는 합격증이다.

호족과는 인연이 없었다. 그래서 외국에서 온 관리들과 과거 시험으로 새로 뽑힌 관리들은 모두 광종의 든든한 지지 기반이 되었다. 이제 힘이 센 호족들을 제거하고 왕실의 권위를 세우는 일만 남았다.

"드디어 새벽이 밝아 오는군. 태양이 떠오르면 별들이 사라지는 것은 당연한 이치. 아예 뿌리를 뽑아서 다시는 왕권을 넘보는 세력이 나타나지 못하도록 해야지. 왕의 생명조차 마음대로 할 수 있다는 생각은 꿈에서도 하지 못하도록 말이야."

광종은 그동안 마음대로 권력을 휘둘러 왔던 공신이나 호족, 왕실 외가 세력들을 몰아내기 시작했다. 박수경의 세 아들이 반란을 꾀했다는 모함을 받고 옥에 갇혔다.

"폐하, 박수경은 태조께서 후삼국을 통일하실 때 큰 공을 세웠던 공신

이옵니다. 태조께서도 특별히 아끼신 집안이 온데, 어찌 반란을 꾀하겠사옵니까?"

"그러니 더 괘씸하지 않으냐. 나라의 은혜를 입었으면 더욱 충성해야 마땅하거늘."

박수경은 나라의 공신일 뿐 아니라 광종이 왕위에 오르는 데 결정적인 힘을 보태 준 공신이었다. 하지만 광종은 이들을 반란죄로 처형하고 그 재산도 몰수해 버렸다.

광종은 누군가가 반란을 꾀하고 있다는 신고가 들어오면 지위에 상관없이 귀양을 보내거나 처형해 버렸다. 광종은 아무도 믿지 않았으며 조금이라도 의심이 가면 가차 없이 벌을 내렸다. 심지어 자신의 아들까지도 의심해 죽이려고 했다. 왕의 첩자가 사방에 깔렸으며 고발이 유행해 사람들은 항상 공포에 떨었다. 부모와 자식 사이에도 믿고 이야기를 나눌 수가 없을 정도였다.

"어제 김 아무개가 술을 마시며 말하기를, 폐하가 사람을 너무 많이 죽이니 나라가 평안할 수 없다고 했습니다. 이는

용두사지 철 당간
충청북도 청주의 용두사 터에 있는 철 당간(왼쪽). 당간은 절에서 기도나 법회 같은 행사가 있음을 알려 주는 '당'을 매달아 두는 기둥이다. 표면에 "준풍 3년(광종 13)에 세워졌다."는 기록이 있어 고려 광종 때의 귀중한 유물이라 할 수 있다.

폐하께 반란의 마음을 품었기에 나온 말이 아니겠사옵니까?"

"며칠 전 이 아무개는 아들과 몰래 이야기하기를, 다음 왕위를 누가 이을까라고 했습니다. 이는 폐하께 반란을 일으키고 스스로 새 왕을 세우려는 불충의 마음이 분명합니다."

"내가 언제 그런 뜻으로 이야기를 했단 말이냐. 폐하! 억울하옵니다."

사람들은 자기가 죽지 않으려고 다른 사람을 고발하기도 했다. 고발당한 사람의 가족은 복수를 위해 또 다른 사람을 고발했다. 몇 년 동안 수많은 사람이 죽었다. 감옥이 모자랄 정도로 많은 사람이 잡혀 왔고, 억울하게 죽은 이도 많았다. 오직 왕에게 충성하는 자만이 살아남을 수 있었다. 왕의 권력은 안정되었으나 백성의 삶은 불안했다. 광종은 개혁과 피로 제국의 아침을 밝힌 것이다.

문화재를 찾아서

커다란 부처님 속에 담긴 마음

고려 초기에는 큰 바위를 깎아서 만든 거대한 부처님이 유행했다. 이렇게 부처님을 크게 만든 이유는 미륵 신앙과 관계가 깊다. 불교 경전에 따르면, 부처님의 키가 약 48미터라면 미륵 부처님은 약 480미터이다. 어지러운 세상을 구해 줄 미륵 부처님을 기다리는 사람들의 마음이 커다란 불상 만들기로 나타났는지도 모른다.

고려 초기를 대표하는 은진 미륵은 커다란 원통형 바위를 다듬어서 만들었다. 머리 부분이 너무 커서 인체 비례가 맞지 않고 몸통에도 별 장식이 없는 단순한 모습이다.

그러나 틀에 박히지 않은 모습, 힘차고 자유로운 형식은 삼한을 다시 통일해 새로운 시대를 열어 가는 고려의 역동성은 물론 다양한 문화를 거리낌 없이 받아들이는 고려의 개방성과도 잘 어울린다.

고려 시대의 불상은 삼국 시대나 통일 신라 시대에 잘 만들어진 부처님과는 거리가 멀다. 예술적 가치가 떨어진다고 하지만, 고려인에게 부처님은 숭배의 대상이지 감상하기 위한 예술품은 아니었다.

6층 건물 높이의 거대한 은진 미륵을 바라보면서 고려인들은 특별한 경외감을 느낄 수 있었으리라.

관촉사 석조 미륵보살 입상
은진 미륵이라는 별명이 있다. 고려 광종 때 만든 불상으로 높이가 18미터나 된다. 머리 부분이 너무 크고 못생겼지만, 매서운 눈초리가 인상적이다.

파주 용미리 마애불
커다란 바위 벽에 새긴 불상을 마애불이라고 부른다. 자연 바위를 그대로 살려 부처님을 새겼다. 굳게 다문 입술에서 새 시대를 건설하려는 호족의 의지가 느껴진다.

980년

982년 최승로, 시무 28조 올림
983년 전국에 12목 설치, 지방관 파견

990년

992년 개경에 국자감 설치
993년 거란 1차 침입, 서희 담판
996년 최초의 화폐 건원중보 만듦

2 제도를 정비하다

1050년
- 1024년 아라비아 상인, 고려 방문
- 1044년 천리 장성 완성
- 1096년 의천, 속장경 간행

1000년
- 1009년 강조의 난, 현종 즉위
- 1010년 거란 2차 침입, 개경 함락
- 1019년 강감찬, 귀주 대첩

정치 제도의 정비

최승로의 개혁 방안

종이를 앞에 두고 붓을 잡은 최승로는 잠시 눈을 감고 생각에 잠겼다. 눈앞에 태조, 혜종, 정종, 광종, 경종까지 다섯 분의 임금님이 차례로 스쳐 지나갔다. 최승로는 지금 모시는 성종까지 모두 여섯 분의 임금님을 직접 만났다. 이제 성종께 바칠 글을 쓰기 위해 마음을 가다듬었다.

처음 태조를 만났을 때 최승로의 나이는 겨우 열두 살이었다. 최승로가 신동으로 이름을 날리자 임금님이 친히 불러 칭찬해 주셨다. 그때 사람들은 최승로의 앞길이 훤할 것이라고 생각했다. 하지만 광종이 중국에서 온 쌍기와 같은 학자를 가까이하고, 호족들을 억눌렀기 때문에 최승로는 중요한 직책을 맡을 수 없었다.

오히려 피바람이 몰아치는 광종 시대에 살아남은 것이 다행이었다. 최승로는 멀찍이 물러나 소용돌이치는 정치 무대를 바라보며 안타까워했다. 그런 최승로였기에 성종이 자신의 능력을 인정해 주고 높은 벼슬을 내려 준 것에 감사하고 있었다.

　최승로는 붓을 들었다. 성종이 앞서 간 임금님들의 좋은 점은 본받고 나쁜 점은 버려서 어진 임금님이 되길 바라는 마음으로 다섯 임금님의 잘잘못을 써 내려갔다.

　특히 광종처럼 신하들을 믿지 못하고 피비린내 나는 숙청으로 왕권을 강화해서는 안 된다고 강조했다. 그보다는 세련된 정치 제도 아래 왕권이 안정되도록 해야 나라를 무리 없이 이끌 수 있다고 적었다.

　최승로는 임금이 신하를 아껴 주고 대우해 줘야 신하도 임금과 나라를 위해 제대로 뜻을 펼 수 있을 것이라고 생각했다.

　단숨에 글을 써 내려간 최승로는 숨을 한 번 고르고 그동안 생각하고 있었던 개혁 방안을 쓰기 시작했다. 유교를 기본 이념으로 삼아 중앙 정치 제도와 지방 행정 제도를 어떻게 바로잡는 것이 좋을지 자세하게 기록했다.

시무 28조

임금이 신하를 예로써 대할 때 신하가 충성을 다함을 명심하소서.

불교는 믿음의 근본이고 유교는 나라를 다스리는 근본입니다.

불교 행사에 들어가는 비용을 줄이고 백성의 생활을 돌보소서.

지방에 관리를 보내 호족들의 세력을 누르고 백성들의 생활을 살피소서.

신분 차별은 예부터 내려온 것이니 문란해지지 않도록 엄격히 유지하소서.

개성의 성균관
최승로의 건의에 따라 고려 왕조는 유교 교육을 실시할 수 있는 학교를 세웠다. 개성에는 국자감, 지방에는 향교가 세워졌는데, 국자감은 나중에 '성균관'으로 이름이 바뀌었다.

> 임금이 백성을 다스린다는 것은 집집마다 찾아가 날마다 돌보는 것이 아닙니다. 그러므로 수령을 나눠 보내 백성들을 보살피게 해야 합니다. 지금 지방 세력가들이 백성들을 괴롭히고 억압해서 백성들이 견디기 힘들어 합니다. 지방에 관리를 파견하십시오. 한꺼번에 보내지 못하더라도 먼저 10여 개 지방에 한 명의 관리를 보내고, 그 아래에 두세 명을 두어 백성을 보살피게 하소서.

　최승로의 개혁 방안은 28가지나 되었다. 국방의 중요성을 강조하고, 불교의 나쁜 점을 고치며, 신분 제도를 엄격히 유지해야 한다는 것 등, 쉰여섯의 나이에 경험과 경륜이 쌓여 무르익은 생각을 그대로 적었다.

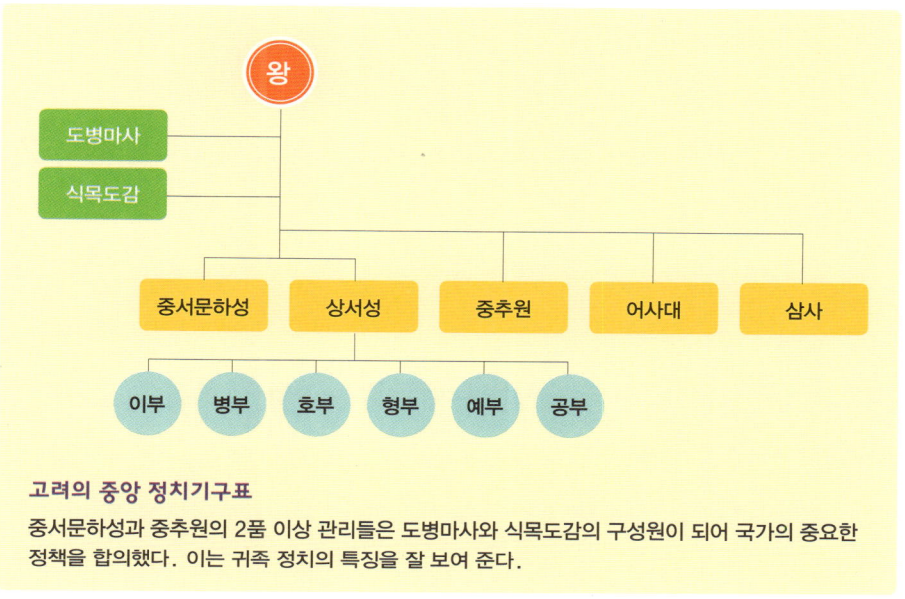

고려의 중앙 정치기구표
중서문하성과 중추원의 2품 이상 관리들은 도병마사와 식목도감의 구성원이 되어 국가의 중요한 정책을 합의했다. 이는 귀족 정치의 특징을 잘 보여 준다.

수많은 관리가 임금의 명을 받아 글을 올렸는데, 성종은 최승로의 글을 최고로 뽑았다. 그리고 최승로가 권하는 대로 나라의 제도를 정비해 잘 다듬어진 행정 조직을 만들었다. 지방에도 관리를 파견해서 백성들의 어려움을 살피게 했다.

최승로의 건의로 시작된 고려의 정치 제도는 조금씩 수정되면서 조선까지 그대로 이어져 천 년을 이어 갈 나라의 기틀이 되었다.

임금과 재상이 조화를 이룬 중앙 정치

최승로가 성종에게 건의한 내용대로 고려의 정치 제도가 완성된 것은 세월이 한참 흐른 11대 문종에 이르러서였다. 문종은 잘 다듬어진 제도를 활용해 관리를 공정하게 임명했다. 또 능력 있는 관리들이 임금을 잘 받들고 임금도 신하의 의견에 귀 기울일 수 있도록 제도를 정비했다. 문종 때 최고 관직인 시중을 지낸 최충이나 이자연도 그런 제도를 활용해 뛰어난 능력을 발휘했다.

　1056년 어느 날, 시중 이자연은 재상들을 불러 모았다. 나랏일을 의논하고 결정하는 중서문하성과 왕의 곁에서 일을 처리해 주는 중추원의 관리를 재상이라고 불렀다. 재상들은 대부분 나라의 크고 작은 일을 직접 처리하는 행정부의 장관 역할을 함께 맡고 있었다.

　고려의 나랏일은 대부분 재상들의 의논을 거친 뒤 왕의 허락을 받아 이뤄졌다. 왕 역시 외교나 군사, 관리 임명 문제처럼 혼자 결정하기 어려운 일이 생기면 언제든지 재상들에게 뜻을 물었다.

〈지장 시왕도〉
지옥의 고통에서 중생을 구제해 준다는 지장보살과 저승에서 죄를 심판하는 시왕을 그린 그림이다. 시왕들은 백성의 삶을 살피는 고려 관료와 같은 모습으로 그려졌다.

이날 이자연은 흥왕사를 짓는 데 동원된 백성들의 문제를 의논하기 위해 재상들을 불러 모았다. 왕의 소원을 담아 지으려는 흥왕사는 크기도 엄청난 데다 돈도 많이 들었다. 시중인 이자연이 대표로 있는 중서문하성에서는 왕에게 새로 절을 지을 때가 아니라고 반대했지만 문종은 고집을 꺾지 않았다.

개경 근처에 사는 백성들이 흥왕사를 짓기 위해 동원되었다. 특히 덕수현 마을 사람들이 많이 불려 와 일을 하고 있었다. 이자연이 재상들을 둘러보며 입을 열었다.

"덕수현 백성들은 몇 달째 날마다 와서 일을 하고 있기 때문에 농사도 제대로 못 짓고 있다고 합니다. 이들의 불만이 이만저만이 아니라고 하더군요. 이 문제를 어떻게 해결해야 할지 의견을 좀 모아 봅시다."

"덕수현 백성들에게 부역을 1년 동안 면제해 주면 어떻겠습니까? 지금도 나와 일을 하는 마당에 부역이라며 또 나와 일을 하라고 하면 언제

농사를 짓겠습니까? 부역이라도 면제해 주면 그동안 소홀히 했던 농사를 돌볼 수 있을 테니 불만도 사라질 겁니다."

"좋은 생각이긴 합니다만, 임금님께 어찌 말씀을 드리지요?"

"백성들의 살림살이도 큰 문제입니다. 그래도 임금님께서 시중의 말씀은 잘 들어주시는 편이니 시중께서 말씀을 드려 보시는 게 어떨까요?"

"그게 좋겠습니다. 시중 어른은 임금님의 장인이 아니십니까?"

이자연은 재상들의 의견을 모아 문종에게 덕수현 백성들의 부역을 1년간 면제해 주자고 건의했다.

"재상들이 의견을 모았다고요? 재상은 이 나라를 이끌어 가는 중심입니다. 내가 어찌 재상들의 의견을 듣지 않겠습니까? 덕수현 백성들이 농사도 제대로 못 지을 정도로 고생을 했다니 마음이 아픕니다. 1년이 아니라 2년간 부역을 면제해 주도록 합시다. 이렇게 백성들의 생활을 보살피는 여러분이 있어 내 마음이 든든합니다."

이자연은 머리를 조아리며 물러났다. 문종이 재상의 뜻을 받아 준 것이다. 이럴 때 재상들은 보람을 느꼈다.

이자연은 재상들을 모아 회의를 하는 것 외에 왕의 명령 문서를 읽고 처리하는 일도 맡아 했다. 가끔씩 왕명이 적당하지 않다고 생각되면 왕명을 거두라는 청도 올렸다.

나랏일을 처리할 때 마지막 결정은 왕이 내렸지만 재상을 비롯한 신하들도 자신들의 의견을 충분히 반영할 수 있었다. 왕과 신하가 힘을 모으고 여러 세력이 균형과 조화를 이뤄 나라를 다스려 나가는 것, 이것이 고려 정치 제도의 장점이었다.

수령과 향리가 함께하는 지방

이영은 안성군 향리의 아들이었다. 이영의 고을에는 나라에서 파견한 수령이 없었다. 성종 때 최승로의 건의를 받아들여 지방에 수령을 파견했지만, 모든 고을에 파견할 수가 없어서 대여섯 고을을 묶어 한 곳에만 보낸 뒤 주변까지 함께 관리하도록 했다. 수령이 파견된 곳을 주군(主郡), 주현(主縣)이라 하고 수령이 없는 곳을 속군(屬郡), 속현(屬縣)이라 했다.

이영의 고을 같은 속군에서는 대대로 권세를 부리던 향리가 마을 살림을 맡았다. 이영의 아버지도 그런 향리였다. 하지만 향리라도 모두 같지는 않았다. 이영의 아버지처럼 신분이 높은 향리는 나라에서 준 토지를 받았으며, 자손들이 과거를 볼 수 있었다. 만약 과거에 합격하면 중앙의 관료가 되거나 수령이 될 수 있었다. 하지만 신분이 낮은 향리는 이영의 아버지 밑에서 일하며 마을 일을 나눠 처리했고, 과거를 볼 수 없었다.

아버지가 돌아가시자 이영은 아버지의 일을 물려받기로 했다. 아버지의 장례를 마친 이영은 필요한 서류를 챙겨 들고 관청을 찾아갔다. 이영은 주군인 이웃 고을에 가서 아버지가 돌아가셨으니 이제 마을을 돌보는 일을 자신이 물려받겠다고 신청했다. 그래야 나라에서 지급한 아버지의 토지를 물려받을 수 있었기 때문이다.

"네가 이영이라는 자냐? 안성군 향리의 아들인데 아버지의 뒤를 이어 근무하겠다고? 허허, 중대한 일을 맡겠다는 자가 어찌 이 모양이냐? 고개만 까딱하고 엎드려 절을 할 줄도 모르느냐? 예의범절도 제대로 배우지 못한 사람을 어찌 믿고 고을을 맡긴단 말인가. 쯧쯧!"

이영은 싸늘한 눈빛으로 자신을 쳐다보며 험한 말을 내뱉는 수령을 보자 속이 부글부글 끓었다. 절을 하지 않았다며 계속 흠을 잡는 모습을 보고 머리끝까지 화가 난 이영은 벌떡 일어나 가져간 서류를 북북 찢어 버렸다.

　　"더럽고 치사해서 못 하겠네. 나도 과거에 급제만 하면 수령도 될 수 있고 더 높은 벼슬도 할 수 있다고! 꼭 아랫것들 대하듯 절을 하라니 수령이 뭐가 대단하다고 이리 사람을 무시한단 말이오? 두고 보시오. 내 이제부터 열심히 공부해서 반드시 과거에 급제하고 말 것이오. 수령보다 더 높은 벼슬아치가 될 테니 두고 보라고!"

　　그때부터 이영은 과거 공부를 시작했다. 공부를 시작한 지 몇 년 후 이영은 당당하게 과거에 급제했다. 여러 벼슬을 거친 이영은 경상도 경산 고을의 수령으로 부임하게 되었다.

　　"고을을 다스리는 수령의 할 일이 무엇인지 자세히 아뢰어 보아라."

　　수령이 된 이영이 향리에게 명을 내렸다.

　　"예. 우선 수령의 업무 가운데 첫 번째로 중요한 것은 백성들이 농사짓는 일을 격려하고, 불편함이 없도록 돌보는 것입니다. 봄이 오면 우리 고을뿐 아니라 주변의 속현을 둘러보며 농사에 지장이 없는지 살펴보시고, 백성들의 소리도 들어 보셔야 합니다. 두 번째는 속군과 속현을 다스리고 살피시는 일입니다. 속군과 속현에 있는 향리들을 모아 회의를 하는데, 이 회의에서 나라의 명을 향리들에게 전하고 각 마을의 형편을 파악해야

도장
고려 시대 지방 향리가 사용한 것으로 보인다.

합니다. 세 번째는 여러 고을의 세금을 거둬 나라로 보내는 일을 감독하시고, 네 번째는 죄인이 있을 때 재판을 하셔야 하옵니다."

이영은 향리의 보고를 들으며 옛 생각에 잠겼다. 만약 젊은 날 아버지의 뒤를 이어 향리가 되었더라면 수령이 여는 회의에 참석해서 고을 일을 보고하고 세금을 거둬 주군과 주현에 보내는 일을 했을 것이다.

"속군과 속현의 향리가 수고하지 않는다면 어찌 세금 걷는 일이며, 농사짓는 일이 수월하게 이뤄질 수 있겠느냐. 수령과 향리가 서로 믿고 도와야 백성들의 삶이 고달프지 않고 나라가 편안할 것이다. 이번 회의 때는 특별히 고생하는 향리들을 위로하도록 할 테니 음식을 잘 준비하도록 하라."

2 제도를 정비하다 · 63

거란을 물리치고 평화를 누리는 고려

서희, 강동 6주를 얻다

고려가 새로운 정치 제도를 마련하고 있을 때, 북쪽에서는 거란족이 세운 요나라가 고려를 침략할 준비를 하고 있었다. 고려는 처음부터 요나라와 사이가 좋지 않았다. 태조 왕건은 요나라가 축하 선물로 보낸 낙타를 만부교 밑에서 굶겨 죽인 적이 있었다. 이후에도 고려는 북쪽의 방어를 튼튼히 하고, 수도를 지키는 군대를 늘리며 요나라의 침략에 대비했다.

요나라는 발해를 멸망시킨 뒤 착실히 국력을 키워 중국의 북부와 만주 지역을 차지했다. 송나라는 요나라에게 영토를 빼앗겼을 뿐 아니라 다시 침략하지 않는다는 조건으로 해마다 많은 선물을 보내 주었다. 요나라의 국력이 송나라를 누를 만큼 강해진 것이다.

요나라는 송나라를 누르고 언젠가 중국 전체를 차지하리라 마음먹고 압록강 근처에 군사 기지를 만들었다. 오래전부터 자신들을 못마땅하게 생각하는 고려를 눌러놓고 중국을 정복하겠다는 것이었다.

993년 10월, 요나라의 장수 소손녕이 압록강을 넘어 쳐들어왔다. 소손녕은 80만 대군을 이끌고 왔으니 어서 항복하라고 큰소리를 쳤다. 당황한 고려의 재상들은 서경을 포함해 황해도 이북 땅을 떼어 주고 항복하려고 했다. 서희가 나서서 우선 소손녕을 만나 분위기를 살펴본 뒤 결정하자고 했지만 귀담아듣는 사람이 없었다.

그때 뜻밖의 소식이 날아왔다. 청천강 부근을 지키던 대도수 장군이 요나라 부대를 물리쳤다는 승전보였다. 무너진 발해의 왕족 출신인 대도수는 자신을 따르는 발해 유민들과 고려인들을 이끌어 승리를 거뒀다. 이 소식을 듣자 고려 정부의 분위기는 순식간에 바뀌었다. 서희의 주장대로 소손녕을 만나 보기로 한 것이다. 고려의 협상 대표는 서희였다. 서희는 당당하게 소손녕과 담판을 벌였다.

"고려는 신라를 계승한 나라이고, 요나라는 고구려의 뒤를 이은 발해를 멸망시키고 그 땅을 차지한 나라이다. 그런데 고려는 어찌하여 그동안 요나라의 영토를 야금야금 차지해 왔는가?"

소손녕이 처음부터 서희의 기를 눌러놓으려는 듯 거만하게 말했다. 하지만 서희는 지지 않고 차분하게 대답했다.

"고려는 고구려의 후손이다. 그래서 나라 이름도 고려다. 오히려 당신들이 고구려 땅에 살고 있으니 땅을 내놓아야 할 것이다."

서희의 조리 있는 말에 소손녕은 헛기침을 하며 주제를 바꿨다.

"고려는 우리와 국경을 접하고 있는데 왜 바다 건너에 있는 송나라를 섬기느냐? 당연히 우리와 친하게 지내야 할 것이 아닌가?"

그 말을 들은 서희는 무릎을 쳤다.

강동 6주
고려 성종 때 서희가 거란의 소손녕과의 담판으로 얻은 6개의 주이다.

'그렇구나! 요나라와 송나라가 전쟁 중일 때 고려가 요나라의 등 뒤를 공격하지 않도록 동맹을 맺으러 온 것이었군. 진작 그렇다고 말을 할 것이지.'

서희는 머릿속으로 재빨리 계산을 한 다음 담담하게 말했다.

"지금 요나라와 고려 사이에는 여진족이 있어 왕래가 어렵지 않은가. 만일 여진을 내쫓고 우리 옛 땅을 되찾은 뒤 그곳에 성을 쌓고 길을 만들면 어찌 요나라와 국교를 맺지 않겠는가?"

서희는 고려와 요나라가 동시에 여진족을 공격해서 내쫓고 그 지역을 나눠 차지하자고 제안했다. 소손녕은 귀가 솔깃했다. 고려와 동맹을 맺고 여진족까지 물리치면 요나라는 마음 놓고 중국으로 쳐들어갈 수 있었으니, 한 번에 두 가지 걱정을 해결할 수 있었다. 고려와 거란의 강화 회담은 서로 만족한 가운데 마무리되었다.

서희의 묘
경기도 여주에 있는 서희의 무덤으로 부인의 묘와 함께 있다.

소손녕은 서희 덕분에 싸우지 않고 문제를 간단히 해결하게 되었다며 기뻐했다. 소손녕은 서희에게 많은 선물을 주고 돌아갔다. 국제 정세를 꿰뚫어 본 서희의 판단력 덕분에 고려는 전쟁을 피하고 영토까지 넓혔다.
　서희의 활약은 여기서 끝나지 않았다. 이때 되찾은 압록강 동쪽 지역을 '강동 6주'라고 부른다. 강동 6주는 매우 중요한 지역이었다. 송나라, 요나라, 여진, 고려를 이어 주는 길목 노릇을 할 뿐 아니라 군사적으로도 방어하기 좋은 위치였다. 서희는 언젠가 고려와 요나라의 한판 승부가 있을 것이라 예상하고, 이 땅에 튼튼한 성을 쌓기로 했다.
　그는 2년 동안 백성들을 동원해서 귀주, 흥화진 등 압록강에서 청천강에 이르는 요새마다 수십 개의 성을 쌓았다. 성을 쌓는 일은 너무나 힘든 작업이었지만, 이때 쌓은 성은 이후 수백 년 동안 다른 민족의 침입으로부터 고려를 지켜 내어 서희의 판단이 옳았음을 보여 주었다.

계속되는 요나라와의 전쟁

서희가 강동 6주를 얻은 뒤에도 요나라와 고려의 관계는 나아지지 않았다. 고려는 요나라에 대한 경계심을 늦추지 않았고 송나라와도 계속 친하게 지냈다. 요나라는 고려가 약속을 어겼다고 생각했다. 때마침 고려에서 강조가 반란을 일으키고 현종을 새 왕으로 세우자 요나라는 이를 구실로 1010년, 40만 대군을 이끌고 고려를 침략했다.
　강조는 직접 30만 대군을 이끌고 나와 요나라 군대와 맞섰다. 하지만 강조의 군대는 크게 패했고, 요나라 군대는 곧바로 개경으로 물밀 듯이 내려왔다. 현종은 허둥지둥 나주까지 피란을 가야 했다.

　현종은 호위 병사 70명만 데리고 개경을 빠져나갔다. 현종의 나이가 채 스물이 되지 않았을 때였다. 현종은 자신의 인생을 돌아보며 한숨을 쉬었다. 왕실의 자손으로 태어났지만, 갓난아기 때 부모가 모두 세상을 떠나 고아로 자랐다. 열두 살 때는 강제로 승려가 되었다. 혹시라도 왕위를 넘볼까 봐 내린 조치였다. 당시 임금이었던 목종과 목종의 어머니 천추 태후는 여러 번 현종을 죽이려고까지 했다. 그런데 열여덟 살이 되자 강조가 보낸 사람들이 현종을 궁궐로 데려와 왕위에 앉혔다.

　어릴 때부터 죽을 고비를 여러 번 넘긴 현종은 나이답지 않게 침착하고 생각이 깊었다. 겉으로는 의젓하게 호위 병사를 거느리며 피란길을 재촉했지만 마음은 불안했다. 자고 나면 병사 몇 명이 몰래 달아나 보이지 않았다. 피란길에 만난 도적 떼는 왕의 행렬인 줄 뻔히 알면서도 칼을 들고 덤벼들었고, 왕을 맞이해야 할 성의 군사는 성문을 열어 주지 않고 왕을 향해 화살을 쏘았다.

　현종은 도망치려는 부하들을 다독이면서, 충성스러운 몇몇 장수에게 의지한 채, 끼니까지 굶어 가며 나주를 향해 갔다. 나주는 고려 2대 임금 혜종의 고향이었다. 피란을 가는 길에도 현종은 장수들을 보내 상황을 파악하는 한편, 요나라에게 강화를 요청했다.

　요나라는 그 사이 개경을 함락하고 노략질을 했지만, 임금을 사로잡지 못한 이상 항복을 받을 수 없으므로 개경에 계속 머물러 있을 수가 없었다. 벌써 약탈할 수 있는 물건은 모조리 약탈했고, 주민을 몽땅 포로로 잡아 두었기 때문에 더 이상 머물러 봤자 얻을 것이 없었다. 그래서 강화를 맺자는 연락을 받자 오히려 반가워했다.

　요나라 군대가 철수하기 시작했다. 그 사이 전열을 갖춘 고려군은 요나라 군대의 뒤를 쫓으며 다시 공격을 퍼부었다. 강동 6주를 지키던 양규의 군대는 고려인 포로를 구출하기 위해 요나라 군대를 공격했다. 그들은 고려인 포로 3만 명을 구출하는 데 성공했다.

　요나라 군대가 돌아가자 현종은 개경으로 돌아왔다. 온갖 고생을 다한 현종이었지만, 전쟁을 겪으면서 현종의 위치는 오히려 단단해졌다.

　"요나라와의 싸움에서 큰 공을 세우고 전사한 양규 장군에게 최고의 공신 칭호를 주고, 과인을 끝까지 지켜 준 지채문 장군에게도 벼슬을 높여 주겠노라. 과인을 버리고 도망쳤던 신하들도 한 번의 실수를 용서할 테니 앞으로는 충성을 다하도록 하라. 앞으로도 왕에 대한 충성심을 보이지 않는다면 큰 벌을 내릴 것이다."

　막 스무 살이 된 현종은 드디어 뜻대로 인생을 펼칠 수 있게 되었다.

　"요나라는 앞으로 또 공격해 올 것이다. 하지만 고려는 두 번 다시 요나라에게 패배하지 않을 것이다. 전쟁을 겪느라 백성과 병사들이 얼마나 큰 고생을 했는지 잘 알고 있지만, 고려를 지키기 위해서는 힘을 더욱 키워야 한다.

지금까지 고생한 것보다 더 힘든 날이 우리를 기다릴 것이다. 그러나 우리 스스로를 지키고, 우리 자손을 지키고, 우리 고려를 지키기 위한 보람 있는 고생이 될 것이다. 불에 탄 궁궐을 수리하고, 무너진 성을 다시 쌓고 군사를 뽑아 훈련을 시켜 전쟁에 대비하라. 알겠느냐?"

"예! 명심해서 거행하겠나이다."

귀주 대첩의 승리

강화를 맺고 돌아갔던 요나라는 강동 6주를 내놓으라며 1018년, 다시 쳐들어왔다. 고려는 요나라의 침략에 대비해서 군대를 늘리고 훈련을 해 왔다. 현종은 문무를 함께 갖춘 재상 강감찬과 강민첨을 보내 요나라 군대를 막도록 했다. 요나라의 장수 소배압이 10만 군대를 이끌고 흥화진 옆으로 흐르는 작은 강을 건넜다.

"장군! 강을 건널 때는 항상 조심해야 합니다. 지난번 고려를 쳤다가 강화를 맺고 돌아가는 길에도 흥화진에서 강을 건너다 공격을 받고 많은 군사가 물에 빠져 죽은 적이 있습니다."

부관의 말에 소배압은 고개를 끄덕였다.

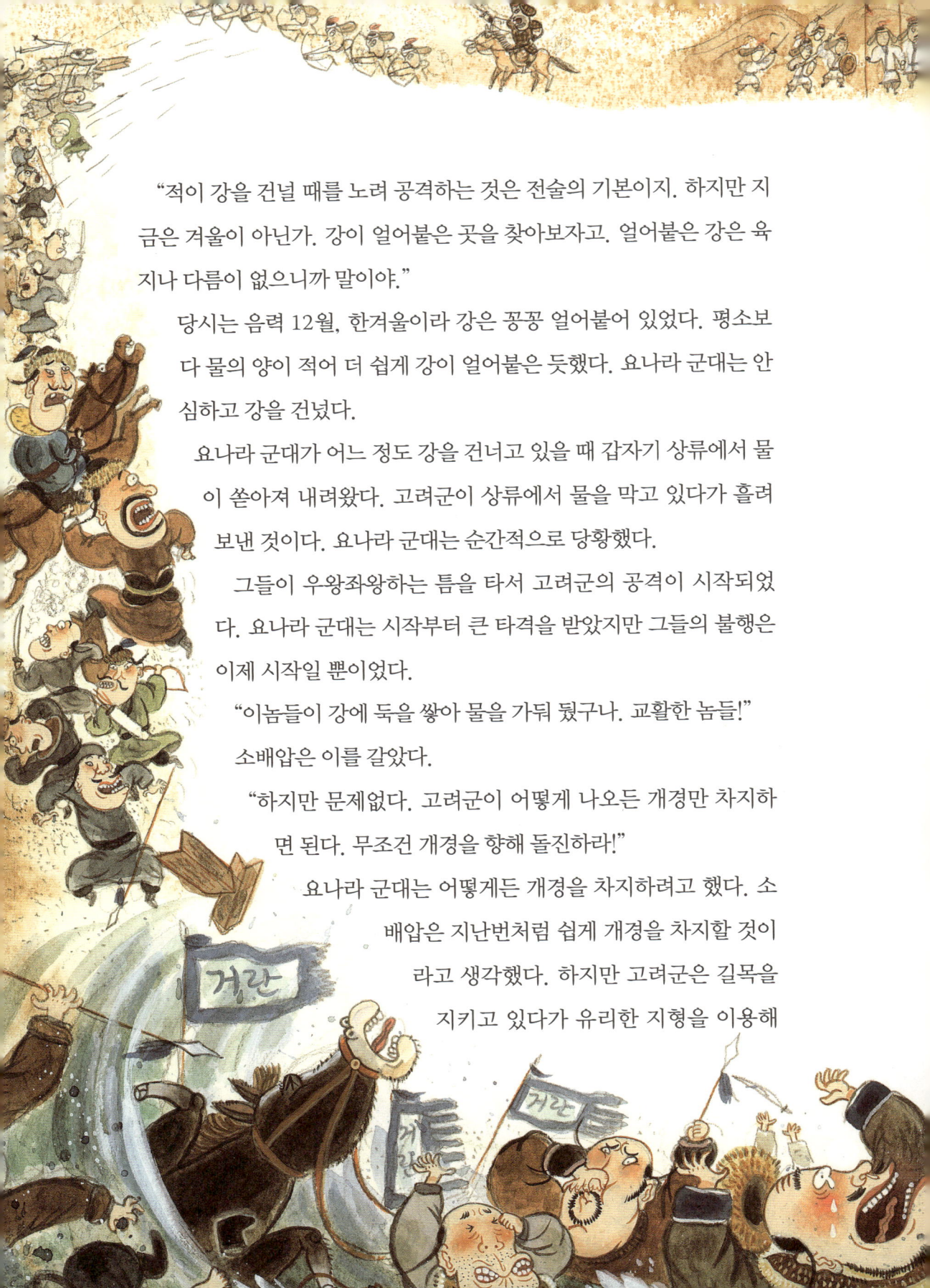

"적이 강을 건널 때를 노려 공격하는 것은 전술의 기본이지. 하지만 지금은 겨울이 아닌가. 강이 얼어붙은 곳을 찾아보자고. 얼어붙은 강은 육지나 다름이 없으니까 말이야."

당시는 음력 12월, 한겨울이라 강은 꽁꽁 얼어붙어 있었다. 평소보다 물의 양이 적어 더 쉽게 강이 얼어붙은 듯했다. 요나라 군대는 안심하고 강을 건넜다.

요나라 군대가 어느 정도 강을 건너고 있을 때 갑자기 상류에서 물이 쏟아져 내려왔다. 고려군이 상류에서 물을 막고 있다가 흘려보낸 것이다. 요나라 군대는 순간적으로 당황했다.

그들이 우왕좌왕하는 틈을 타서 고려군의 공격이 시작되었다. 요나라 군대는 시작부터 큰 타격을 받았지만 그들의 불행은 이제 시작일 뿐이었다.

"이놈들이 강에 둑을 쌓아 물을 가둬 뒀구나. 교활한 놈들!"
소배압은 이를 갈았다.

"하지만 문제없다. 고려군이 어떻게 나오든 개경만 차지하면 된다. 무조건 개경을 향해 돌진하라!"

요나라 군대는 어떻게든 개경을 차지하려고 했다. 소배압은 지난번처럼 쉽게 개경을 차지할 것이라고 생각했다. 하지만 고려군은 길목을 지키고 있다가 유리한 지형을 이용해

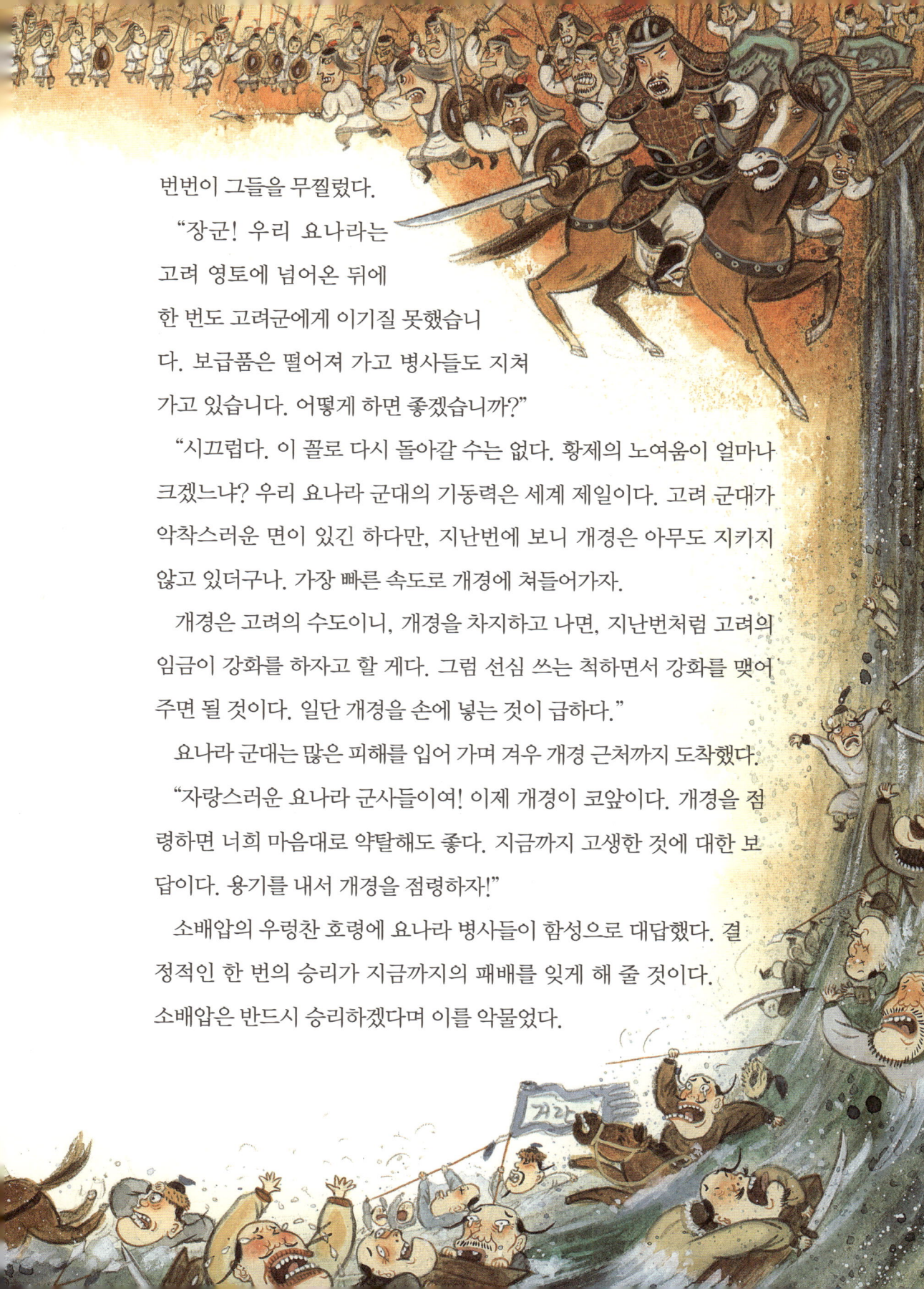

번번이 그들을 무찔렀다.

"장군! 우리 요나라는 고려 영토에 넘어온 뒤에 한 번도 고려군에게 이기질 못했습니다. 보급품은 떨어져 가고 병사들도 지쳐 가고 있습니다. 어떻게 하면 좋겠습니까?"

"시끄럽다. 이 꼴로 다시 돌아갈 수는 없다. 황제의 노여움이 얼마나 크겠느냐? 우리 요나라 군대의 기동력은 세계 제일이다. 고려 군대가 악착스러운 면이 있긴 하다만, 지난번에 보니 개경은 아무도 지키지 않고 있더구나. 가장 빠른 속도로 개경에 쳐들어가자.

개경은 고려의 수도이니, 개경을 차지하고 나면, 지난번처럼 고려의 임금이 강화를 하자고 할 게다. 그럼 선심 쓰는 척하면서 강화를 맺어 주면 될 것이다. 일단 개경을 손에 넣는 것이 급하다."

요나라 군대는 많은 피해를 입어 가며 겨우 개경 근처까지 도착했다.

"자랑스러운 요나라 군사들이여! 이제 개경이 코앞이다. 개경을 점령하면 너희 마음대로 약탈해도 좋다. 지금까지 고생한 것에 대한 보답이다. 용기를 내서 개경을 점령하자!"

소배압의 우렁찬 호령에 요나라 병사들이 함성으로 대답했다. 결정적인 한 번의 승리가 지금까지의 패배를 잊게 해 줄 것이다. 소배압은 반드시 승리하겠다며 이를 악물었다.

"장군, 개경의 상황을 살피러 간 첩자가 도착했습니다."

"어서 데려오너라. 이번에도 고려 국왕은 개경을 비우고 도망갔겠지?"

"장군, 아니옵니다. 고려 국왕은 직접 군대를 이끌고 개경을 지키고 있사옵니다."

소배압은 현종이 직접 개경을 지키는 모습을 보고 맥이 풀렸다.

"최정예 군대 10만을 데리고 왔는데, 고려의 성 하나도 빼앗지 못하고, 고려군과 싸워 한 번도 승리하질 못했다. 앞에서는 왕이 직접 군대를 이끌고 버티고 있으며, 뒤에서는 고려군이 뒤쫓고 있다. 군대를 돌려 철수를 하더라도 개경에서 압록강까지 버티고 있는 고려군을 헤치며 나가기도 쉽지 않다. 우리의 선택은 하나, 개경을 점령하는 것뿐이다."

"개경을 공격하려면 오늘 밤에 바로 쳐들어가야 합니다. 하루나 이틀이면 고려의 구원병이 도착할 것입니다. 시간이 별로 없습니다."

"전면전은 부담이 큽니다. 우리에게는 성을 공격할 만한 무기가 별로

없습니다. 빨리 이동하려다 보니 그런 큰 무기를 가져올 수 없었습니다. 방법은 기습 공격뿐입니다."

소배압은 가장 민첩하고 무술이 뛰어난 최정예 군사 300명을 골랐다.

"고려 쪽에는 그냥 돌아가겠다고 통보를 했다. 그러니 설마 오늘 밤 우리가 공격할 것이라고는 아무도 예상하지 못할 것이다. 너희는 요나라 군사 중에서도 최고의 군사들이다. 오늘밤 개경을 습격하고, 개경의 성문을 열어라. 우리의 운명이 너희 손에 달려 있음을 잊지 마라."

요나라 병사 300명은 비장한 각오를 하고 개경을 향해 말을 몰았다. 들켜서도 안 되며, 잡혀서도 안 되었다. 하지만 뜻밖에도 개경 근처에서 100명의 고려 병사가 그들을 기다리고 있었다. 고려 쪽에서는 이들의 기습 공격을 대비하고 있었던 것이다.

"작전은 발각되었지만, 승산은 있다. 우리를 상대하러 나온 고려 병사는 겨우 100명뿐이다. 요나라에서도 최고의 실력을 가진 우리 300명이 고려 병사 100명을 못 이기겠느냐. 보아하니 개경을 지키는 군사도 몇 명 없는 것 같구나. 저들만 물리치면 승리는 우리의 것이다."

요나라 병사는 창을 고쳐 들고 고려군을 향해 진격했다. 하지만 300명 중 살아남은 사람은 한 명도 없었다. 그들은 모두 고려군에게 잡혀 죽고 말았다. 소배압에게 작전이 실패했다는 사실을 알려 줄 병사 하나 남지 않았다. 소배압은 새벽이 될 때까지 기다렸으나 보낸 군사 중 한 명도 돌아오지 않자 속이 탔다.

나중에서야 고려군에게 발각되어 모두 전사했음을 알게 되었다. 이제 소배압이 할 수 있는 일은 아무것도 없었다. 결국 요나라 군대는 아무것도 얻지 못한 채 돌아갈 수밖에 없었다. 고려군은 후퇴하는 요나라 군대를 뒤쫓으며 계속 공격을 퍼부었다.

"정말로 끈질긴 고려 군사로구나. 넓은 벌판으로 고려군을 유인해서 싸우도록 하자. 벌판에서는 우리가 유리하다. 비록 전쟁에서 이기지는 못했지만 고려군에게 큰 타격을 입히고 돌아갈 것이다."

고려군을 요리조리 따돌리며 후퇴하던 소배압은 압록강 근처 귀주 벌판에서 최후의 결전을 벌이기로 했다. 소배압은 배수진을 쳐서 물러설 수 없다는 각오를 보여 주었다.

고려군도 절대 질 수 없었다. 고려는 전쟁을 위해서가 아니라 평화를 위해 많은 돈을 들여 성을 쌓고 무기를 손질하고 군대를 단련시켜 왔다. 요나라가 침략해 오면 막아 내길 수십 년, 이제 그만 전쟁을 끝내야 했다. 다시는 고려를 침략할 마음을 먹지 못하도록 철저하게 승리해야 했다.

20만이 넘는 고려군이 우레와 같은 함성을 내지르며 요나라군을 향해 돌격하자 격렬하게 저항하던 요나라 군대가 무너지기 시작했다. 고려군은 도망치는 요나라 군사를 뒤쫓았다. 귀주 대첩에서 고려군은 요나라군 수만 명을 죽이거나 포로로 잡았다. 압록강을 건너온 10만 대군 가운데 살아서 돌아간 자는 겨우 수천 명에 불과했다. 요나라와의 전쟁 이후 가장 큰 승리였다.

1019년 2월, 기나긴 거란과의 전쟁이 끝났다. 귀주 대첩 이후 요나라는 고려를 침략할 엄두를 내지 못했다. 전쟁이 끝난 뒤에도 고려는 북쪽 국경에 천리장성을 쌓고 개경 주위에 나성을 쌓아 국방력을 유지하는 데 힘을 기울였다. 고려인들은 25년간 계속된 전쟁을 통해 평화를 지키기 위해서라도 강한 국방이 필요하다는 것을 절실히 느꼈다.

귀주 대첩과 강감찬의 동상
요나라의 마지막 침입을 물리치고 승리한 귀주 대첩을 그린 기록화와 전쟁을 승리로 이끈 강감찬 장군의 동상이다.

천리장성
압록강 하구에 있는 흥화진에서 동해안의 도련포까지 이어져 있다. 거란과의 전쟁이 끝난 후 쌓았으며, 거란과 여진의 침입을 막아 내는 데 큰 역할을 했다.

되찾은 평화, 번영하는 고려

벽란도 앞바다에 해가 저물고 있었다. 석양을 받아 항구의 배들도 붉은 돛을 단 것처럼 보였다. 세금으로 걷은 곡식을 싣고 온 배, 개경에서 필요한 물건을 사서 떠나려는 배들로 붐비고 있었다. 그중에는 네모난 돛을 여러 개 달고 있는 중국 송나라 배가 많았다.

 현종 때는 뾰족한 삼각형 돛을 단 배가 아라비아 상인을 태우고 온 적도 있었다. 이들은 고려에서는 구경하기 어려운 향료나 물소 뿔, 상아나 비취를 가져왔다. 아라비아 상인은 고려를 '코레아'라고 불렀다. 이들을 통해 고려의 이름이 세계에 알려졌다. 오랜 전쟁을 끝낸 고려는 마음껏 평화와 번영을 누리고 있었다.

고려 시대의 무역로

고려는 송나라·요나라·여진·일본과 활발하게 무역했다. 송나라를 통해 아라비아 상인이 벽란도에 들어오기도 했다.

송나라에서 사신이 올 때 상인들도 따라와서 장사를 했다. 송나라 상인들은 비단과 약재, 도자기를 싣고 왔다. 없어서 못 팔 정도로 인기 있는 상품이었다.

항구에 자리 잡은 여객은 여행자들에게 술이나 음식을 팔고 잠자리를 마련해 줬다. 많은 사람이 드나들다 보니 파는 물건과 사는 물건 이야기가 오고 가며 거래가 이뤄지기도 했다. 개경 안에는 남대가라는 큰 시장 거리가 있었다. 옷감이며 자기, 약재, 차를 파는 가게들이 즐비했고, 외국인도 드물지 않게 만날 수 있었다.

사람과 함께 오고 간 것은 상품만이 아니었다. 외국 상인과 얽힌 이런 저런 이야기도 생겨났으며 새로운 기술도 소개되었다. 얇고 단단한 도자기를 만드는 방법, 더 좋은 책을 만드는 인쇄 기술, 새롭게 유행하는 철학이나 사상이 사람과 책을 통해 전해졌다.

고려인은 송나라에서 들어온 기술을 나름대로 소화해 고려만의 것으로

금으로 만든 불경
고려에서는 금을 갈아 물에 풀어서 불경을 썼다. 무역을 통해 이 같은 기술이 들어왔다.

다시 만들어 냈다. 송나라 사람들도 세계 최고라고 인정할 만큼 아름다운 고려청자, 서예가나 화가라면 누구나 탐내는 질 좋은 고려 종이, 금이나 은을 녹여 글씨를 쓰고 그림을 그린 화려한 불경이 그렇게 만들어졌다.

성종 때에 사신으로 갔던 한언공이 구해 온 대장경 역시 고려의 문화 수준을 한 단계 높여 주었다. 대장경은 많은 불교 경전을 모아서 펴낸 것이다. 인도, 중국, 중앙아시아에서 전해지는 경전을 모아서 책으로 엮어야 하기 때문에 대장경을 만드는 것은 대단한 사업이었다.

현종 때 고려인의 힘으로 대장경을 만들려는 노력이 시작되었다. 거란의 침략으로 고통을 겪던 때였지만 그럴수록 고려인의 마음을 하나로 모으고, 고려가 강한 나라임을 보여 줄 필요가 있었다. 현종 때 만들기 시작한 대장경은 70년이나 걸려 완성되었다. 여러 나라의 대장경을 서로 비교해서 틀린 부분을 고치고 부족한 것을 보충한 고려의 대장경이었다. 이렇듯 고려의 사람과 경제와 문화는 세계를 향해 열려 있었다.

초조대장경
고려 현종 때 만든 고려 최초의 대장경이다. 거란의 침략을 물리치기 위한 고려인의 마음을 담았다.

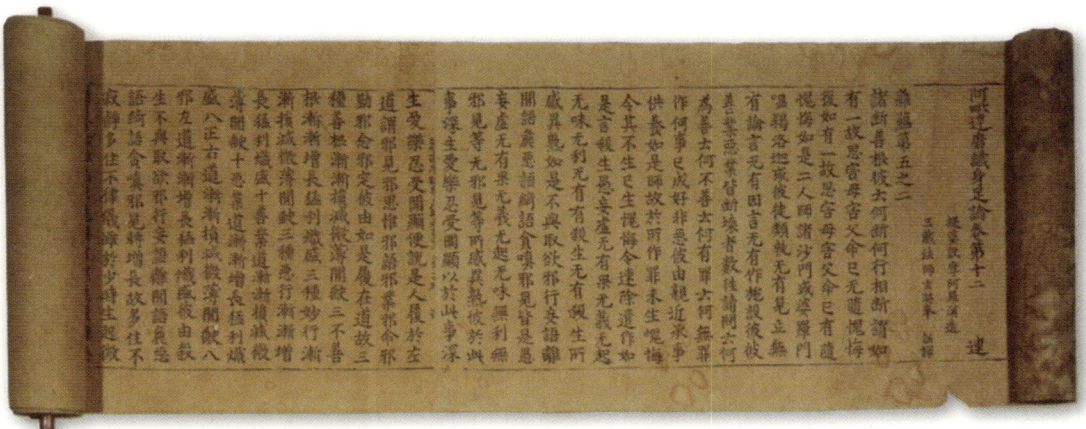

2 제도를 정비하다 · 81

고려 사람들의 삶

고려 귀족들의 삶

시중 이자연은 하루 종일 나랏일을 처리하고 해가 뉘엿뉘엿 질 무렵이 되어 관청 문을 나섰다. 관청 건물 너머 우뚝 솟아 있는 궁궐이 위엄 있어 보였다. 이자연의 얼굴에 웃음이 번졌다. 궁궐에는 이자연의 세 딸이 모두 문종의 왕비가 되어 살고 있었다. 이자연은 그 딸들이 낳은 손자가 다음 왕위를 이을 것을 생각하니 저절로 흐뭇했다.

왕실과 결혼하는 것은 아무에게나 주어지는 영광이 아니었다. 고려 최고의 가문으로 인정받는 길이며, 출세와 영광이 보장되는 길이었다. 고려의 귀족은 너도나도 왕실과 결혼하고 싶어 했다.

이자연의 집은 궁궐의 동남쪽에 있었다. 집 안은 작은 동산과 연못으로 꾸며 아늑한 생활의 여유를 즐길 수 있었고, 창고에는 나라에서 준 토지와 조상으로부터 물려받은 땅에서 거둬들인 곡식이 가득 쌓여 있었다. 고려 최고 귀족 가문의 집답게 규모도 크고 화려했다.

고려의 많은 귀족이 이자연처럼 궁궐 동남쪽에 살았다. 궁궐이 가까워 출퇴근이 편리했기 때문이다. 높은 관리가 많이 살아 동네 이름도 정승동이었다. 어떤 귀족은 상인들과 함께 남쪽의 시장 근처에 살기도 했는데, 그들은 장사를 하며 큰돈을 벌었다. 시장에는 청자 가게, 쌀 가게, 비단 가게, 종이 가게 등 온갖 종류의 상점과 찻집이 있었다. 흥정을 하거나 오고 가는 사람들로 항상 떠들썩했다.

집에 도착하니 가족들이 모두 모여 있었다. 이미 장가들어 집을 떠난 큰아들, 열 살 때 승려가 된 다섯째 아들, 공부에 열심인 막내까지 모두 한자리에 모였다. 이자연이 말했다.

고려 귀족의 생활 모습
귀족들이 정원에 모여 시를 쓰거나 그림을 감상하는 모습을 그린 〈아집도 대련〉의 일부분. 고려인들이 꿈꾸던 삶이다.

"우리 넷째가 이번에 양주 원님으로 승진을 했단다. 막내도 음서를 받아 벼슬을 하게 되었고. 이를 축하하기 위해 모두 모이라고 했다."

이자연의 말에 모두 기뻐했다. 이자연의 아들은 모두 스무 살이 되기 전에 벼슬을 받았다. 고려 시대에는 높은 벼슬을 한 고급 관리들이 특별한 혜택을 받았다. 그들은 자손에게 물려줄 수 있는 땅인 공음전을 받았고, 자손들이 과거를 보지 않아도 벼슬을 할 수 있는 음서 제도의 혜택을 누렸다. 음서를 통해 벼슬에 나아간 사람이 과거에 급제하면 벼슬을 높여 주기 때문에 다른 사람보다 더 빨리 출세할 수 있었다.

"여섯째는 혼인 날짜가 얼마 남지 않았습니다."

"그렇구나. 준비는 잘 되고 있느냐? 좋은 가문끼리 서로 혼인을 맺는 것은 고려의 법도이다. 너도 이씨 집안 아들답게 몸가짐을 조심하고 장가들면 장인을 잘 모시도록 해라."

고려 시대에는 혼인을 하면 신랑이 신부의 집에서 몇 년 동안 사는 경우가 흔했다. 보통 몇 년 뒤에 집을 마련해 가족을 데리고 살림을 났지만, 아예 신부 집에 살면서 대를 잇는 경우도 있었다. 그래서 장인 집으로 들어간다는 뜻으로 '장가든다'는 말이 생겨났다.

이자연과 그 아들들이 이야기를 나누고 있을 때 저녁 준비가 다 되었다는 연락이 왔다. 가족들이 모두 모인 날이라 특별한 반찬이 많았지만 고기나 생선은 없었다. 살생을 금하라는 부처님의 말씀에 따라 고기를 즐겨 먹지 않는 데다 얼마 전 문종이 부처님의 뜻을 받든다며 고기와 생선을 먹지 말라는 어명을 내렸기 때문이다. 이자연의 집에서는 밤늦도록 웃음소리와 이야기가 끊이지 않았다.

믿음과 경제의 중심지, 절

국청사 주지인 의천은 문종의 넷째 아들이었다. 불심이 깊은 아버지 문종의 뜻을 받들어 열한 살 때 승려가 되었다.

"고려는 부처님의 나라이다. 그래서 고려의 모든 백성은 부처님을 깊이 섬기고 있지. 부처님은 백성들의 고된 삶에 위안을 줄 뿐만 아니라 올바르게 살아가는 이치를 알려 주시는 분이다. 귀족들은 이생에서의 복된 삶을 다음 세상에서도 이어 가길 바라고, 신분이 낮은 사람들은 다음 세상에서 귀하게 태어나길 바라면서 부처님께 기원을 드리는 것이다. 만백성을 보살피고 이끌어야 하는 왕실에서 앞장서서 부처님을 받들고 섬기는 모습을 보여야 한다."

의천은 문종의 말을 가슴 깊이 새기고 있었다. 고려에서는 의천처럼 왕족이나 귀족 자제가 승려가 되는 것을 당연하게 여겼다. 불교는 유교와 함께 나라를 지탱하는 중요한 사상이기 때문이었다. 학식이나 덕이 높은 승려는 국사나 왕사로 임명해서 나라의 스승, 왕의 스승으로 받들었다.

의천은 송나라에 가서 불교를 공부하고자 했다. 승려들 가운데에는 다른 나라에 가서 넓은 세계를 보고 유명한 승려를 만나 가르침을 받는

이가 많았다. 의천도 불교의 깊은 이치를 깨달아 나라의 갈 길을 밝히는 훌륭한 승려가 되고 싶었다. 하지만 왕자의 신분으로 위험한 여행을 할 수 없다는 이유로 허락을 받지 못했다.

　의천은 시종 둘만 데리고 몰래 배를 타고 송나라로 향했다. 뒤늦게 의천이 송나라로 떠난 것을 알게 된 고려 왕실은 송나라에 연락해 의천을 부탁했다. 덕분에 의천은 송나라로부터 극진한 대접을 받았고, 내로라하는 승려들을 만나 송나라에서 유행하는 불교를 공부할 수 있었다.

　고려로 돌아온 의천은 아버지 문종이 지은 흥왕사 주지를 맡았고, 형 숙종의 지원을 받아 국청사를 지었다. 이곳에서 의천은 교종과 선종으로 나뉜 불교계를 하나로 묶으려고 했다. 교종은 부처님의 말씀과 이치를 공부해 깨달음을 얻고자 했고, 선종은 경전에 의존하기보다 참선과 수행을 통해 깨달음에 다가가고자 했다.

　하지만 의천은 서로 방법은 달라도 부처님의 말씀을 깨우치려는 목적은 같은 것이라고 생각했다. 그래서 이들을 하나로 통합하고자 노력했다. 그리고 현종 때 초조대장경을 만들면서 빠진 불경들을 수집하고 정리해 속장경을 만드는 등 여러 사업을 추진하면서 고려 불교계를 이끌었다.

　의천이 국청사에서 원효 대사가 쓴 경전을 읽고 있을 때 국청사의 살림을 맡아보는 승려가 찾아왔다. 국청사에 속한 토지에서 거둬들인 곡식과 시주받은 재물, 기와와 술을 팔아 얻은 이익을 보고하기 위해서였다.

　"기와와 술을 팔고 그 값으로 베와 곡식을 받았습니다. 그렇지 않아도 절에는 시주한 쌀이며 조세로 걷은 곡식이 많은데, 보관하는 데 어려움이

2 제도를 정비하다 · 87

따릅니다. 곡식이 상하는 것이 염려되어 술을 빚어 팔게 한 것인데 그 값으로 다시 곡식을 받으니 말입니다. 금이나 은 같은 것으로 받으면 보관하기도 좋을 것 같습니다."

이 말을 들은 의천은 생각에 잠겼다. 왕실뿐 아니라 귀족 가문들은 너도나도 절을 지었다. 가장 큰 이유는 부처님께 불공을 드리고, 복을 빌기 위해서였다. 하지만 다른 이유도 있었다. 절의 재산은 세금을 내지 않았기 때문에 절을 몇 개 가지고 있으면 많은 재산을 관리하기가 쉬웠다.

또 절에서는 종이나 기와를 만들어 팔았고, 술도 빚었다. 승려들은 술을 마실 수 없었지만 넘쳐 나는 곡식을 처리하기 위해 술을 빚어 팔았다. 또 넓은 땅을 농민들에게 빌려주고 그 대가로 재물과 곡식을 받았고, 노비도 많이 갖고 있었다. 절은 이렇게 많은 재물을 벌어들였고, 많은 재산을 관리했다. 의천이 대답했다.

"우리 절만 이런 걱정을 하는 것은 아닐 걸세. 상인들도 그렇고, 백성들의 입장에서도 무거운 베나 곡식보다 가지고 다니기 쉬운 금속으로 물건을 바꾸면 편리하지 않겠나?"

해동통보

동국통보

고려 시대의 화폐
성종 때 건원중보를 처음 만들었다.
숙종은 의천의 건의로 해동통보를
비롯한 여러 종류의 화폐를 만들었다.

삼한통보

건원중보

청동으로 만든 정병
정병은 깨끗한 물을 넣어 두는 병이다.
중생의 고통과 목마름을 덜어 준다는
의미로 절에서 사용했다.

절의 살림을 챙기면서 의천은 금속으로 화폐를 만들어 쓰면 어떨까 하는 생각이 떠올랐다. 의천은 숙종을 찾아갔다.

"송나라에서는 금속이나 종이로 화폐를 만들어 편리하게 사용하고 있습니다. 고려는 성종 대왕께서 건원중보를 만드신 적이 있지만 제대로 쓰지 못했습니다. 곡식이나 옷감으로 물건을 바꾸니 쉽게 상하기도 하고 운반하는 데도 어려움이 따라 불편합니다. 고려에서도 금속으로 화폐를 만들어 사용하면 보관과 운반이 편리할 뿐 아니라 국가에서 관리하기도 쉬울 것입니다."

의천의 건의에 따라 숙종은 해동통보, 해동중보 같은 화폐를 만들었다.

고려 시대의 불교는 백성의 마음에 위안을 주고 나라를 지탱하는 사상이었을 뿐 아니라 경제의 중심 역할도 함께 했다.

고려의 잔칫날, 팔관회와 연등회

개경에 살고 있는 진이는 올해 여덟 살이다. 추운 날씨에도 아랑곳하지 않은 채 동네 어귀에서 동무들과 어울려 늦게까지 놀던 진이는 해 질 무렵 대문 안으로 들어섰다. 엄마 방에 등불이 밝혀져 있었다. 방 밖에는 엄마 신발과 오빠 신발이 나란히 놓여 있었다.

'오빠가 엄마 방에서 나 몰래 뭘 하고 있는 거지?'

샘이 난 진이는 엄마 방으로 뛰어들었다. 방 안에는 예쁜 색깔의 종이 등이 여러 개 있었고, 엄마와 오빠는 종이 꽃을 열심히 만들고 있었다.

"와! 정말 예쁘다. 엄마, 무슨 날이에요? 아! 맞다. 연등회가 열리죠?"

골목마다 매달린 예쁜 색깔의 연등을 보며 밤늦게까지 즐겁게 놀았던 연등회가 떠올라 진이는 신이 났다.

"11월에 무슨 연등회야! 연등회는 1월 보름날이나 2월 보름날에 열리잖아. 이건 팔관회를 준비하는 거야. 너는 여덟 살이나 되었으면서 연등회하고 팔관회도 구분 못 하니?"

오빠가 핀잔을 주었다.

"쳇! 오빠는 맨날 나만 가지고 그래. 아버지 오시면 다 이를 거야! 엄마, 팔관회하고 연등회는 어떻게 다른데요?"

"팔관회는 11월 14일과 15일에 열린단다. 고려를 지켜 주시는 하늘의 신령님, 산과 강의 신에게 제사를 드리는 거지. 연등회는 1월 15일에 주로 열리지만 2월 15일에 열기도 해. 부처님께 감사드리기 위한 거란다. 진이 너도 알다시피 연등회 때는 종이로 연등을 만들어 어둠을 밝히잖니? 그 등은 지혜를 상징하지. 부처님의 지혜로 세상을 밝혀 주길 바라는 거야."

"그러니까 팔관회는 신령님께 제사드리는 날이고, 연등회는 부처님께 불공드리는 날이군요?"

진이는 고개를 끄덕이며 말했다.

"팔관회가 열릴 때는 송나라나 일본, 여진족까지 와서 우리 임금님께 선물을 드린대. 궁궐에서 큰 잔치가 열리는데, 정말 장관이야. 그리고 팔관회가 열릴 때는 통행금지도 없어져서 밤새도록 놀아도 된단다. 밝은 보름달 아래서 임금님과 백성들, 고려인과 외국인이 함께 어울려 노는 거야. 정말 굉장하지?"

옆에서 오빠가 거들었다.

"엄마 저도 팔관회 구경 가고 싶어요. 같이 가요."

진이가 엄마를 졸라 댔다.

며칠 뒤, 진이는 가족들 손을 잡고 궁궐 근처로 구경을 나갔다. 팔관회 잔치는 궁궐 의봉루 앞마당에서 열리지만 진이네 가족은 궁궐 안으로 들어갈 수는 없었다. 궁궐 밖까지 음악 소리가 흘러나왔다. 하늘에서 울려 퍼지는 신선과 선녀의 노랫소리 같았다.

"중앙 관리와 지방 관리가 먼저 임금님께 인사를 올리고, 외국에서 온 사람들이 그 다음으로 축하 선물을 바친단다. 임금님은 팔관회에 참석한 모든 사람에게 꽃이나 음식, 술을 내려 주시지. 모든 사람이 임금님을 향해 만세를 부르는데, 그 소리가 어찌나 장엄한지 모른단다."

아버지가 진이 손을 잡고 설명을 해 주셨다. 얼마 뒤에 정말 우렁찬 만세 소리가 대궐 가득 울려 퍼졌다. 진이는 가슴이 벅차올랐다.

"날이 지면 온 골목마다 등을 밝힐 게다. 연등회가 부처님께 바치는 종교 의식이라 좀 엄숙하게 치러진다면, 팔관회는 흥겨운 잔치지."

"연등회랑 팔관회는 고려에서 치르는 가장 큰 국가 행사야."

옆에서 오빠가 또 아는 척을 했다.

"아버지, 저는 팔관회랑 연등회가 정말 좋아요. 두 달 뒤에 열리는 연등회 때도 꼭 함께 구경해요. 저도 신령님과 부처님께 우리나라를 위해서 기도드리고 싶어요."

진이의 말이 대견한 듯 아버지가 빙그레 웃으셨다.

"연등회 때는 우리 가족이 다니는 절에 가서 함께 기도를 드리자꾸나."

농사짓는 사람, 물건 만드는 사람

가을걷이가 끝난 들판은 썰렁했다. 군데군데 쌓여 있던 볏단도 모두 옮겨져 텅 빈 들판을 초겨울 바람이 훑으며 지나갔다. 큰산이네가 마당에 볏단을 쌓고 있을 때 향리인 이 호장이 들어섰다.

"올해도 농사짓느라 애 많이 썼구먼. 큰산이네가 부지런해서 그런지 올해 농사가 실하겠어."

이 호장이 큰산이 아버지 등을 두드리며 말을 건넸다.

"실하긴요. 이 쭉정이를 보시고도 그런 말씀을 하십니까. 가을 녘에 큰 바람을 만나서 영 수확이 말이 아닙니다. 조세 좀 잘 매겨 주십시오."

"이 사람아, 그게 어디 내 마음대로 되는 일인가. 덜 내게는 못 해 줘도 더 내게는 안 할 테니 너무 걱정 말게. 그래도 큰산이네는 백정이니 조세가 가벼운 편일세. 저 강 건너 퇴곶 부곡 사람들은 땅도 거친데 조세는 자네보다 더 많이 낸다네."

"에이, 어르신도. 아무리 그래도 명색이 현 사람인 저랑 부곡 사람을 어떻게 같이 놓고 말씀하십니까. 사는 곳이 다른데."

고려 시대에는 보통 현이나 리에서 농사짓고 사는 사람들을 '백정(白丁)'이라고 불렀다. 벼슬한 사람은 머리에 관을 쓰지만, 농부들은 머리에 하얀 수건을 두르기 때문에 그렇게 부른 것이다. 하지만 다 같은 농부라도 향이나 부곡에 사는 사람들은 차별 대우를 받았으며, 조세도 더 많이 내야 했다.

이 호장은 장부에 뭔가를 적더니 큰산이네가 추수한 곡식의 10분의

1을 계산해서 실어 내게 했다. 이렇게 모인 조세는 주현으로 모여서 강 길을 통해 개경으로 운반될 것이다.

그 모습을 지켜보던 큰산이가 궁금한 듯 물었다.

"아버지, 그런데 이웃집 노미네는 왜 조세 안 걷고 그냥 가요? 노미네도 농사짓잖아요."

"이놈아, 노미네가 어디 백정이냐? 노비지. 농사짓는다고 다 같은 농사꾼이 아니야. 농사꾼 가운데는 우리 같은 백정이 제일 위에 있는 거야. 그 다음이 향이나 부곡에 사는 사람들이고. 노미네는 겉보기엔 농사꾼이지만 주인집 종이야. 이 호장 댁 마당쇠 같은 노비란 말이야. 마당쇠처럼 주인집에 살면서 시중을 들어야 하는 노비가 있는가 하면, 노미네처럼 주인이랑 따로 살면서 주인네 땅을 농사지어 주는 노비가 있는 거야. 노비는 조세도 안 내고 군역도 안 져."

"그럼, 노비가 더 좋은 거예요?"

"노비는 몸뚱이도 자기 것이 아니라 주인 것이야. 가축처럼 주인의 재산이라고. 자기 것이 없으니 조세를 안 내는 거지. 뭐가 더 좋으냐?"

아버지에게 면박을 당한 큰산이는 심통이 나서 동구 밖까지 달음질쳐 나왔다. 뒷산 어귀에서 큰산이는 이웃 마을 자기소에 살고 있는 실이를 만났다. 물건을 만들면서 살아가는 기술자들이 모여 사는 마을을 '소'라고 불렀다. 실이가 사는 마을은 도자기를 만들었기 때문에 '자기소'라고 불렸다.

"너희 집에는 조세 걷으러 안 왔니?

"우린 지난달에 몇 달 동안 만든 청자를 몽땅 바쳤어."

"우린 곡식으로 바치는데, 너희는 청자를 만드니까 청자로 바치는구나."

고려의 청자
고려청자는 도자기뿐만 아니라 궁궐 건축에 쓰인 청자 기와부터 귀족들의 문방구와 생활용품까지 두루 사용되었으며 자기소, 묵소에서 만들었다.

"해마다 바쳐야 할 청자가 점점 많아져. 농사지을 시간이 없어서 올해 농사는 영 시원치가 않아. 겨울을 어떻게 나야 할지, 아버지 걱정이 이만저만이 아니야."

"너희 아버지 솜씨가 좋아서 그런 거잖아. 안 그래?"

"그래서 자꾸 더 많이 바치라고 하나 봐. 솜씨가 좋으면 더 잘 살아야 되는 거 아니야? 솜씨 좋은 기술자일수록 더 힘들게 살면 누가 그 기술을 배우려고 하겠어?"

실이가 투덜대는 소리를 듣고 큰산이는 고개를 끄덕였다.

2 제도를 정비하다 · 95

만약에

자기 운명의 주인공이 된 현종

고려는 급변하는 국제 환경 속에서 많은 전쟁을 치러야 했다. 거란과의 30년 전쟁은 그중 하나였다. 나라의 위기를 맞아 고려인은 때로는 지혜로, 때로는 힘으로 그들을 물리치고 평화를 지켰다. 거란과의 전쟁 중에 가장 치열했던 시기, 현종은 고려를 이끌어야 했다. 고려 국왕 중에서 유난히 극적인 인생을 살았던 현종은 겨우 스무 살이 넘은 나이였음에도 불구하고 뛰어난 지도력으로 고려를 지켜 내고 번영의 기초를 닦았다. 현종을 통해 어려움을 극복한 용기를 배워 보자.

기자 거란과의 오랜 전쟁을 승리로 이끈 현종 임금님을 만나 보겠습니다. 임금님께서는 어려서부터 고생을 많이 하셨다지요? 왕자로 태어나 유난히 힘든 시절을 보냈다던데 사실인가요?

현종 그렇다오. 내가 태어나기도 전에 아버지가 돌아가시고 어머니도 나를 낳고 곧 돌아가셨으니 부모 얼굴도 모르는 고아라오. 게다가 큰어머니인 태후 마마께서 나를 미워하셔서 어릴 때부터 승려가 되어 절에서 살았지요.

기자 어려움을 딛고 왕이 되셨군요. 그럼, 거란과 전쟁을 하면서 가장 힘든 때는 언제였나요?

현종 2차 침략 때지. 왕이 된 지 며칠 되지 않아 거란이 쳐들어왔는데 개경까지 함락되지 않았소? 나는 아슬아슬하게 거란 군대를 따돌리고 피란길에 올랐지만 고생이 말할 수 없었소. 자고 나면 신하들이나 병사들이 몇 명씩 도망을 쳐서 나중엔 거의 남은 사람이 없었다오. 게다가 굶주린 백성들이 내가 탄 수레를 빼앗으려고 공격한 일도 있었소. 그때 나를 지켜 준 지채문 장군이 없었다면 아마 지금의 나도 없을 것이오.

기자 지채문 장군도 그때 임금님이 정말 대단하셨다고 말씀하시더군요. 어린 나이에도 침착함을 잃지 않으셨다고요. 그런데 2차 전쟁이 끝나고 여러 가지 사업을 한꺼번에 추진하셨더군요. 불탄 개경의 궁궐을 다시 짓고, 개경의 성도 다시 쌓으셨지요? 게다가 지방 제도도 다시 고치고 지방관도 성종 임금님 때보다 몇 배나 더 많이 보내셨어요. 힘든 전쟁을 끝내고 쉬지도 못하셨겠군요.

현종 거란이 언제 다시 쳐들어올지 모르는데 쉴 틈이 있었겠소? 그래도 그 덕분에 거란의 3차 침략 때는 우리도 만반의 준비를 갖출 수 있었지요. 귀주 대첩에서 거란 군대 10만 명에 맞서 싸운 우리 고려군은 20만 명이 넘었소. 모두 평소에 준비를 든든히 한 덕분이오. 귀주 대첩의 승리가 우연이 아니었다오. 잘 훈련된 군대, 능력 있는 사령관, 그리고 백성들의 충성심이 있기에 가능했다오.

기자 그렇군요. 평화를 지키기 위해서라도 힘이 필요한 거군요. 이제 힘든 시간들은 다 지난 것 같은데, 앞으로는 어떤 일을 하실 건가요?

현종 전쟁 때문에 하지 못해 아쉬웠던 일을 할 것이오. 어려운 시기에 나와 이 나라를 지켜 준 부처님께 감사드리고, 또 전쟁으로 어려워진 백성들의 살림살이도 보살펴야겠지요. 전쟁 중에 공을 세운 사람에게 상을 주고, 희생당한 사람의 가족들을 위로할 것이오. 무엇보다 고려가 오랫동안 평화를 누리며 살 수 있도록 대비할 생각입니다. 강감찬 장군의 의견을 들어 개경 둘레에 나성을 쌓기로 했지요. 전쟁을 겪어 보니 개경의 수비가 너무 약한 것 같아서 말이오. 그리고 돌아가신 부모님의 명복을 빌 절도 짓고 있다오. 부모님의 얼굴도 뵌 적이 없어서 늘 가슴에 남았거든요.

기자 현종 임금님은 남들보다 많은 고난을 겪으셨지만 스스로 자기 운명을 헤쳐 나간 분인 것 같습니다. 인터뷰에 응해 주셔서 감사합니다.

현화사 7층 석탑
현화사는 현종이 부모의 명복을 빌기 위해 세운 절로 개성에 있었다.
7층 석탑은 1120년(현종 7)에 세워진 북한의 국보급 문화재이다.

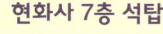

1100년
1104년 숙종, 별무반과 항마군 설치
1107년 윤관, 여진 정벌 후 동북 9성 축조

1120년
1126년 이자겸, 난을 일으킴
1135년 묘청, 서경 천도 실패

3 흔들리는 귀족 사회

1150년
1145년 김부식, 《삼국사기》 편찬
1159년 고려청자 유행

1170년
1170년 무신의 난
1176년 공주 명학소, 망이·망소이 난
1196년 최충헌, 최고 권력자가 됨
1198년 만적의 난 실패

안정 속에 싹트는 갈등

실패로 돌아간 여진 정벌

차디찬 겨울바람이 북쪽의 국경을 꽁꽁 얼려 버릴 듯 불어닥쳤다. 천리장성을 지키는 병사들은 동상에 걸리지 않기 위해 동물의 기름을 얼굴과 몸에 바르고 보초를 서고 있었다. 얼마 전 함경도 지역에 살던 여진족이 다른 여진족의 공격을 피해 고려로 넘어왔다. 병사들은 또다시 어떤 일이 생길지 몰라 경계를 늦추지 않고 있었다.

 여진족은 오래전부터 만주 일대에서 살아왔다. 고구려나 발해의 지배를 받기도 하면서 우리 민족과 뒤섞여 살았다. 그래서 고려를 부모의 나라로 섬기는 부족도 있었다. 하지만 모든 여진족이 고려와 가까이 지낸 것은 아니었다. 쑹화 강이나 헤이룽 강 유역에 사는 여진족은 멀리 떨어져 살았기 때문에 중국이나 고려의 영향을 별로 받지 않았다. 이들 가운데 완옌부가 세력을 키우며 주변 부족을 정복하고 있었다. 고려로 넘어온 여진족을 공격한 부족이 바로 이 완옌부였다.

며칠 뒤, 완옌부 군대가 천리장성 앞에 나타났다. 고려로 온 여진 사람들을 내놓으라며 공격해 온 것이다. 고려 정부는 급히 군대를 보내 이들을 막도록 했다. 하지만 고려군은 완옌부 군대의 빠른 공격에 놀라 제대로 싸워 보지도 못한 채 많은 군사를 잃고 말았다. 그동안 여진족을 대수롭지 않게 생각했던 고려인들은 깜짝 놀랐다.

숙종은 재상들을 불러 이 문제에 대해 의논한 뒤 윤관에게 여진족 정벌을 맡겼다. 윤관은 '별무반'이라는 새로운 군대를 만들고 여진족의 특성을 파악한 뒤 무기를 새로 개발하고 식량을 준비했다.

몇 년간의 준비와 훈련을 끝내고 고려군은 천리장성을 넘어 여진 정벌에 나섰다. 그동안의 고생이 헛되지 않아 고려군은 쉽게 완옌부 군대를 내쫓고 함경도 땅을 차지했다.

"전쟁에서 이겼다고 해서 우리 땅이 되는 것은 아니다. 우리 백성이 살아야 비로소 우리 땅이 될 수 있다. 이 땅에서 사는 백성을 지킬 힘이 있어야 한다는 말이다."

윤관은 쉬지 않고 함경도 땅에 9개의 성을 쌓았다. 이를 '동북 9성'이라 부른다. 여진 군대의 공격을 막아 줄 성이었다. 그리고 백성들이 옮겨 와 농사를 지으며 살게 했다. 윤관은 고생한 병사들과 함께 개경으로 돌아왔다. 전쟁의 승리를 축하하는 함성이 그들을 맞았다.

개경으로 돌아온 지 며칠 지나지 않아 완옌부 여진족이 다시 침략했다는 소식이 날아들었다. 윤관은 말안장을 내릴 틈도 없이 다시 전쟁터로 달려갔다. 완옌부는 함경도 땅을 포기하지 않았다. 함경도를 고려 영토로 인정하면 완옌부가 여진족 전체를 통일하겠다는 꿈은 영원히 사라지기

〈척경입비도〉
윤관이 여진족을 물리치고 동북 9성을 쌓은 뒤 고려의 영토임을 알리는 비석을 세우고 있다. 조선 시대에 그린 그림이다.

때문이었다. 완옌부는 4년 동안 집요하게 동북 9성을 공격했다. 잘 훈련된 고려 군사들은 동북 9성을 지키기 위해 용감히 싸웠다. 하지만 전쟁이 거듭될수록 군사들의 희생이 늘어 갔다. 새로 뽑힌 군사들은 훈련 기간이나 전투 경험이 부족했다. 시간이 흐를수록 고려군의 희생은 커져만 갔다.

"더 이상 군사들과 백성들의 희생을 두고 볼 수는 없습니다. 이번 여진 정벌은 처음부터 무리한 계획이었습니다. 지금이라도 함경도 땅을 돌려주고 전쟁을 끝내야 합니다."

처음부터 전쟁을 반대했던 귀족들의 목소리가 다시 커졌다. 결국 고려는 동북 9성을 부수고 함경도를 여진족에게 돌려주기로 결정했다. 윤관은

윤관의 묘
고려 예종 때 여진을 정벌해 동북 9성을 쌓은 윤관의 묘. 경기도 파주에 있다.

여진 정벌을 주장했던 책임을 지고 벼슬을 내놓았다. 고려가 온 힘을 다해 추진했던 여진 정벌은 이렇게 막을 내렸다.

얼마 뒤 완옌부는 여진족 전체를 통일하는 데 성공하고 그 힘을 몰아 거란족이 세운 요나라를 멸망시켰다. 그리고 중국 송나라까지 공격해 황제를 사로잡았다.

송나라는 여진족에게 쫓겨 양쯔 강을 건너 남쪽으로 내려가 남송을 다시 세웠다. 중국 대륙 북쪽에는 여진족이 세운 금나라가 자리를 잡았다. 동북 9성을 돌려준 지 겨우 18년 만의 일이었다.

이자겸, 왕위를 노리다

"주상 전하 듭시오!"

젊은 왕 인종이 새로 맞은 왕비와 함께 어머니께 문안 인사를 올렸다. 태후는 젊은 아들 부부를 다정하게 맞았다.

"나랏일을 보시느라 고생이 많으시지요. 왕비께서 임금님을 잘 보살펴 주세요."

"아닙니다. 이자겸 지군국사께서 나랏일을 모두 맡아 처리하시는데 제가 고생할 일이 뭐가 있겠습니까."

인종의 말에 태후와 왕비는 서로 얼굴을 마주 보았다. 인종이 이자겸을 못마땅하게 여기는 것처럼 들렸기 때문이다. 태후와 왕비는 모두 이자겸의 딸이었다. 이자겸은 예종에게 둘째 딸을 시집보냈는데, 그 사이에서 인종이 태어나자 다시 셋째 딸을 인종에게 시집보냈다. 인종에게

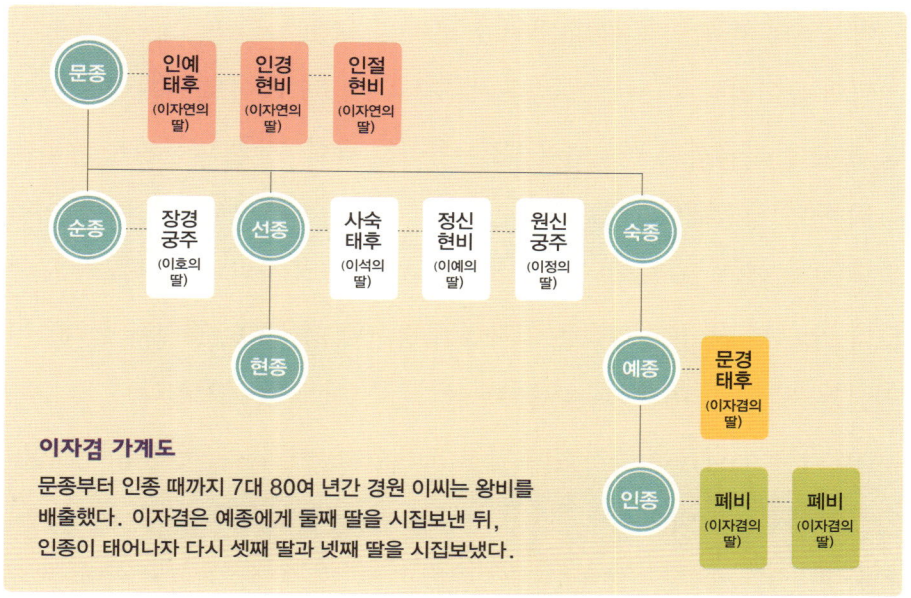

이자겸 가계도
문종부터 인종 때까지 7대 80여 년간 경원 이씨는 왕비를 배출했다. 이자겸은 예종에게 둘째 딸을 시집보낸 뒤, 인종이 태어나자 다시 셋째 딸과 넷째 딸을 시집보냈다.

이자겸은 외할아버지이자 장인이었다.

"아버지를 지군국사로 임명하셨습니까? 신하들이 청을 올렸다고 들었습니다. 임금님께서 아직 어리시니 어려운 일은 아버지께 맡겨 두시는 것도 좋을 것 같습니다."

왕비가 인종을 달래듯 말했다.

"아직 허락하지 않았습니다. 임명할 날짜까지 잡아 놓고 신하들을 시켜 졸라 대니 결국은 허락해야겠지만요. 아직 허락도 하지 않았는데 송나라로 보내는 국서에는 이미 지군국사라고 써서 보냈더군요. 임금 위에 존재하는 분 같습니다."

인종의 마음이 많이 상했음을 알아차린 태후와 왕비는 다른 이야기를 꺼냈다.

이자연의 세 딸이 문종의 왕비가 된 뒤로 왕비 자리는 모두 경원 이씨 집안의 몫이었다. 이자연의 손자 이자겸은 어린 인종이 왕위에 오르는 것을 도왔고 지금까지 나랏일을 대신 처리해 왔다. 왕과 다름없는 권력을 누리며 왕 생일에나 붙일 수 있는 '절'을 붙여, 자기 생일을 '인수절'이라고 부르게 했다. 또 드러내 놓고 뇌물을 받아 여러 사람의 비난을 받고 있었다. 열여덟 살이 된 인종은 이자겸이 왕처럼 행세하는 것이나 신하들이 임금인 자기보다 이자겸 눈치를 더 살피는 것이 영 못마땅했다.

　"이 나라의 임금은 누가 진짜인지 모르겠소. 이러다가 왕씨 대신 이씨가 왕이 되는 게 아니겠소? 이씨가 왕이 된다는 소문도 파다하던데……. 목자위왕(木子爲王), 목(木) 밑에 자(子)를 쓰면 이(李)가 되니까 이씨가 왕이 된다는 말이잖소."

인종은 가까운 신하 김찬과 안보린에게 하소연했다. 왕으로서 자신의 힘을 되찾아야 한다는 생각이 갈수록 강해졌다. 이미 권력을 잡은 장인 이자겸과의 싸움이 점점 눈앞에 다가오고 있었다.

궁궐에는 이미 김찬과 안보린을 비롯해 이자겸을 견제하려는 사람들이 있었다. 이들은 왕의 뜻을 받들어 이자겸을 죽이려고 했다. 이 소식을 들은 이자겸은 장군 척준경과 손을 잡고 반란을 일으켰다.

"임금님! 궁궐이 불타고 있사옵니다. 어서 몸을 피하셔야 합니다."

"도대체 누가 궁궐에 불을 질렀단 말이냐?"

"척준경의 군사들이 불을 질렀습니다. 이자겸과 척준경이 반란을 일으켰습니다. 어서 피하세요."

화살은 인종이 서 있는 장소까지 날아왔다.

"척준경 장군이 반란을 일으켰다면 방법이 없다. 모든 군대가 그의 손아귀에 있어. 어서 이자겸에게 편지를 쓰거라. 내가 왕위를 내놓을 테니 그만 공격을 멈추라고."

인종은 오히려 이자겸에게 잡힌 몸이 되고 말았다. 이자겸은 인종을 자신의 집에서 지내게 했다. 이자겸이 인종을 죽이려고 한다는 소문이 파다했다. 이자겸이 왕에게 보낸 떡을 먹지 않고 마당에 던져두었더니 까마귀가 쪼아 먹고 죽었다는 소문도 났고, 왕에게 보낸 보약에 독약이 들어 있는 것을 안 왕비가 일부러 발을 헛디뎌 그릇을 엎어 버렸다는 소문도 퍼져 나갔다.

"이자겸을 없앨 수 있는 사람은 척준경뿐이다. 어떻게 해서든지 둘 사이를 갈라놓아야 해."

인종은 사람을 시켜 척준경에게 자신을 구해 달라는 편지를 보내는 한편, 이자겸이 척준경을 미워한다는 소문을 퍼뜨리게 했다. 결국 인종은 척준경을 앞세워 이자겸을 대역 죄인으로 잡아 귀양 보냈다. 그러나 자신의 장인이자 외할아버지이고, 어릴 때 키워 준 공이 있다고 해서 죽은 뒤에는 그 죄를 용서해 주었다.

이자겸이 물러나고 불에 탔던 궁궐이 다시 지어졌다. 신하들은 궁궐로 출근해 왕과 나랏일을 의논했다.

이제 모든 것이 제자리를 찾은 듯이 보였다. 하지만 한번 깨져 버린 믿음은 쉽게 회복되지 않았다. 왕과 귀족을 중심으로 나라를 운영했던 고려가 흔들리기 시작했다.

묘청과 서경 천도 운동

척준경을 이용해 이자겸을 쫓아낸 인종은 얼마 뒤 척준경마저 궁궐을 불지른 죄로 귀양 보냈다. 힘센 귀족 이자겸 때문에 목숨까지 잃을 뻔했던 인종은 끼리끼리 어울리며 힘을 키우는 귀족을 누르고자 새로운 인물을 키우려고 했다.

바로 서경 출신 관리들이었다. 그래서 척준경을 귀양 보내는 데 공을 세운 정지상 같은 서경 출신 인물들을 가까이했다.

서경 사람들은 다른 지역 출신을 끼워 주지 않고 자기들끼리만 권력을 나눠 갖는 개경 귀족들에게 불만이 많았다.

"귀족이라고 거들먹거리면서 서경 사람들을 촌놈 취급하다니! 거란과 싸울 때도 그렇고, 여진과 싸울 때도 그렇잖아. 정작 급할 때는 서경 사람들을 찾으면서 일이 다 정리되면 언제 도움을 받았냐는 듯이 입을 씻어 버리니 말이야."

"말로는 서경이 제2의 수도라고 하면서, 언제 제대로 대접해 준 적이 있기나 해? 서경이 어떤 곳인가? 고구려의 수도였단 말이야. 고려가 고구려의 뒤를 이었으면 당연히 서경을 수도로 삼았어야지."

"지금은 고려가 고구려의 뒤를 이은 나라인지 잘 모르겠어. 지금 떵떵거리는 귀족들은 다 신라 출신이거든. 김부식만 해도 경주 김씨잖아."

"그래서 금나라가 협박을 하면서 임금의 나라로 섬기라고 요구했을 때도 그렇게 순순히 응했나 보지? 고구려의 후손인 우리 서경 사람들이었다면 금나라랑 끝까지 싸워서 물리쳤을 거야. 여진족은 얼마 전까지만 해도

고려를 부모의 나라로 섬기며 굽실거렸잖아. 그런 여진족이 세운 금나라에게 쩔쩔매다니…….”

서경 출신 관리들은 이자겸이나 김부식 같은 개경 귀족들이 금나라의 협박에 겁을 먹고 송나라와 외교를 끊고 금나라를 받든다며 비판했다. 그리고 수도를 서경으로 옮겨서 금나라를 정복하자고 주장했다.

그 중심에는 서경 출신 승려 묘청이 있었다. 묘청은 개경은 수도로서의 운이 다했으니 서경으로 수도를 옮겨야만 나라가 발전한다며 왕을 설득했다.

“이자겸이 난을 일으키고 궁궐이 불탄 것이 바로 개경의 운이 다했다는 증거입니다. 어서 명당을 찾으셔서 수도를 옮기셔야 합니다. 제가 보니 서경이야말로 명당 중의 명당입니다. 임금님께서 서경에 오셨을 때 공중에서 신선들이 음악을 연주하고 선녀들이 춤을 추는 것을 보았습니다.”

인종은 묘청의 말에 마음이 움직였다. 수도를 옮기면 거추장스러운 개경 귀족을 한 번에 눌러 버릴 수 있었다. 하지만 반대도 만만치 않았.

“궁궐을 짓는 일은 보통 일이 아닙니다. 백성들의 고생 또한 매우 클 것입니다. 흉년이 들어 백성들도 살기 힘든 상황인데 새로 궁궐을 지을 수는 없습니다.”

“서경이 명당이라는 말도 믿을 수가 없습니다. 임금님이 서경에 가실 때마다 사고가 있었습니다. 벼락이 치기도 하고, 폭풍이 불기도 했습니다. 정말 명당이라면 그런 일이 일어날 리가 없지 않습니까?”

한쪽에선 궁궐 공사가 진행되었지만, 다른 한쪽에선 반대의 목소리가 더욱 높아졌다. 초조해진 묘청은 인종의 결심을 굳히기 위해 속임수를 쓰기로 했다. 서경에 있는 대동강에 기름 넣은 떡을 던져두고 기름이 떠서 햇빛에 비치자 용이 침을 토해 오색 빛이 난다고 거짓말을 한 것이다.

옆에서 그 광경을 지켜보던 김부식은 묘청을 의심했다. 유학자였던 김부식은 근거 없는 말이나 신기한 일을 좀처럼 믿지 않았다. 김부식이 사람을 시켜 대동강 밑을 조사해 보니 기름 넣은 떡이 가라앉아 있었다.

김부식이 말했다.

"임금님과 신하가 마음을 모으고 올바른 정치를 편다면 자연히 나라가 안정되고 발전하게 마련입니다. 수도를 옮기는 것은 백성들만 고달프게 할 뿐입니다. 묘청은 이렇듯 임금님을 속여 자기 욕심을 채우려고만 한 것입니다."

대동강 떡 사건 이후 인종도 점점 묘청과 서경 출신 관리를 믿지 않게 되었다.

《삼국사기》
묘청의 서경 천도 운동을 진압한 대표적인 문벌 귀족 김부식이 편찬한 역사책이다. 지금까지 남아 있는 역사책 가운데 가장 오래된 정통 왕조사이다.

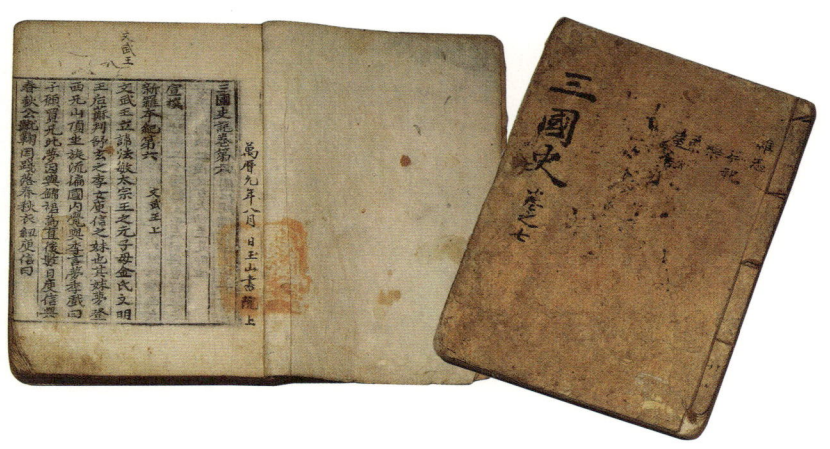

서경으로 수도를 옮기는 일이 어렵게 되자 묘청은 결국 반란을 일으켰다. 서경을 수도로 삼아 새로운 나라를 세우려고 했던 것이다. 김부식은 정지상을 비롯해 서경 출신 관리들을 죽이고 서경을 공격했다. 묘청의 반란은 1년 만에 김부식의 군대에게 진압당했다.

서경을 새로운 고려의 수도로 만들려던 묘청과 정지상의 꿈은 허무하게 스러졌다. 왕의 힘을 키우려던 인종의 뜻도 꺾였고, 귀족은 더 큰 힘을 갖게 되었다.

그러나 금나라를 정벌하고 고려의 위상을 높이려던 그들의 뜻은 오랫동안 기억되었다.

대화궁 터와 출토된 유물들
묘청의 서경 천도 주장이 받아들여져 궁을 지었던 곳이다. 지금은 궁궐이 없어지고 터만 남아 있다. 대화궁 터에서는 용머리 모양의 잡상과 여러 가지 형태의 기와가 발굴되었다.

무신들이 권력을 잡다

고달픈 군인의 삶

"오늘은 임금님께서 중미정으로 행차하시니 준비하시게."

임금님을 모시는 승지에게서 연락이 오자 군인들은 술렁거렸다.

"중미정은 물가에 있잖아. 이렇게 추운 날 바깥에서 떨게 생겼네."

"임금님이랑 귀족들이 술 마시다 흥이 나면 또 우리에게 칼춤을 추라고

수박희
손을 주로 써서 공격하는 전통 무예.
고려의 군인들은 평소 수박희를
통해 무예를 익혔다.

할지도 모르니까 칼도 잘 챙기고, 수박희 대회를 열 수도 있으니까 수박희 잘하는 이씨랑 문씨는 미리 준비하게."

"우리가 광대야? 임금님을 호위하는 거야 우리 임무니까 힘들어도 참을 수 있지만 귀족들은 툭하면 재주 부려라, 칼춤 춰라 별걸 다 시키잖아. 그러면서도 대놓고 무시하잖아."

"지금은 전쟁이 없는 평화 시대라 군인이 대접을 못 받는 거지. 예전에 거란이나 여진과 전쟁할 때는 군인이 이렇게 무시당하지는 않았을 텐데."

"모르는 소리 하지 말게. 그때도 최고 사령관은 항상 문신 귀족이었어. 강감찬 장군이나 윤관 장군이 어디 무신 출신인가? 문신 출신이지."

"다 그만두고 군인전이나 제대로 주면 좋겠네. 군인으로 계속 있다가는 밥도 굶게 생겼잖아."

"그래. 우리 집도 식량이 다 떨어져 가는데, 밀린 급료는 언제 주는 거야? 귀족들이 하루만 잔치를 안 열어도 밀린 급료는 다 줄 수 있겠구먼."

군인들은 투덜거리면서 부지런히 칼이며 창을 챙겼다. 중미정은 의종의 명에 따라 지은 정자였다. 시냇물을 흙과 돌로 막아 호수와 작은 산을 만들고 그 호숫가에 정자를 세웠다. 의종은 중미정뿐 아니라 태평대, 환희대, 미성대 등 경치 좋은 곳마다 건물을 지었다. 그곳에 연못을 파고 산을 만들어 놓고 배를 띄우며 밤늦도록 즐겼다. 여기에 드는 비용이 엄청나서 나라 살림이 기울 정도였다.

여러 사람의 불만이 쌓이는 가운데 특히 무신들의 불만이 컸다. 문신 귀족들은 술과 음식을 실컷 먹고 마시며 놀았지만, 호위하는 군인들은 밥 한 끼 제대로 얻어먹지 못했다. 병졸들뿐 아니라 장군도 마찬가지였다. 새벽까지 잔치가 벌어질 때는 뒤에서 추위와 배고픔을 참아야 했다. 철없는 젊은 문신 귀족은 아버지의 권세를 믿고 나이 든 장군에게 모욕을 주는 일도 있었다. 김부식의 아들 김돈중이

무인석
공민왕의 무덤에 서 있는 석상이다.
칼을 짚고 있는 무인 석상의 모습이 늠름하다.

촛불로 대장군 정중부의 수염을 태우고 놀린 사건은 유명했다. 그럴 때마다 무신들의 가슴에는 분노가 쌓여 갔다.

의종과 문신 귀족들이 개경에서 멀리 떨어진 보현원으로 놀러 가던 길에 일이 벌어지고 말았다. 가는 길에 넓은 뜰이 나오자 왕은 잠시 멈추라고 했다. 그러고 나서 그곳에 술과 음식을 차려 놓고 수박희 대회를 보겠다며 준비하라고 했다. 젊은 군인들이 있는 힘을 다해 수박희 대회를 벌였고, 왕과 문신들은 박수를 치며 구경했다. 나이가 쉰이 넘은 대장군 이소응도 대회에 참가했다. 옛날 여진과의 싸움에서 여러 번 공을 세운 장군이었다. 하지만 이제 나이가 들어 몸이 마음처럼 움직여 주지 않았다. 이소응은 젊은 군인과의 대결에서 져 맥없이 나가떨어지고 말았다. 젊은 문신들은 깔깔대며 이소응을 비웃었다. 그때였다. 한뢰라는 문신이 벌떡 일어나 난데없이 이소응의 뺨을 내리쳤다.

대장군이 모욕당하자 무신들은 깜짝 놀랐다. 상장군 정중부가 한뢰의 멱살을 움켜쥐었다.

"네 이놈! 감히 누구의 따귀를 갈기는 게냐? 아무리 무신을 하찮게 여겨도 그렇지! 이소응 장군은 고려의 대장군이다. 이게 무슨 짓이냐!"

다른 무신들도 눈빛이 심상치 않았다. 어떤 이는 칼을 뽑아 들 준비를 했다. 말 한마디만 잘못 나와도 칼부림을 할 상황이었다. 분위기가 심상치 않자 문신들은 기가 꺾여 왕의 눈치를 보았다. 의종이 얼른 수습했다.
"과인 앞에서 이게 무슨 짓들인가? 다들 그만하시게. 흥이 깨어졌으니 대회고 뭐고 그만두겠네."
길고 긴 하루가 저물었다. 무신들은 가슴에 뜨거운 응어리를 품은 채 왕의 행차를 뒤따랐다.

칼로 세상을 얻은 자, 칼로 목숨을 잃다

왕의 행차가 다시 보현원으로 향했다. 이 길을 뒤따르며 은밀한 눈짓을 주고받는 이들이 있었다. 이의방과 이고였다. 정중부에게 다가가 뭔가를 속삭이던 두 사람은 정중부가 고개를 끄덕이자 말을 달려 왕의 행차를

앞질러 보현원으로 향했다.

"저들은 누구인가? 어디를 저렇게 가는 건가?"

의종이 정중부에게 물었다.

"장군 이의방과 이고입니다. 미리 보현원에 가서 잔치 준비를 하라 일렀습니다."

의종과 문신 귀족들은 아무런 의심 없이 보현원에 가서 무엇을 하고 놀지 의논했다. 왕의 가마가 보현원 뜰에 들어섰다. 그때 갑자기 문밖이 소란스러워지더니 비명 소리가 들렸다.

"문신의 관을 쓴 자는 한 놈도 살려 두지 마라! 모조리 죽여라!"

고함을 들은 문신 귀족들은 깜짝 놀랐다. 이의방과 이고가 앞장서서 칼을 휘두르고 있었다. 하급 군인들도 흥분한 채 이리저리 뛰어다니며 문신들을 베어 죽이고 있었다.

"임금님, 살려 주십시오. 저를 살려 주실 분은 임금님밖에 없습니다."

낮에 이소응의 뺨을 때렸던 한뢰가 벌벌 떨며 의종의 옷자락을 잡았다. 한뢰는 의종의 옷자락을 끝까지 놓지 않아 결국 옷자락이 찢어졌다. 끌려 나온 한뢰는 그 자리에서 죽임을 당했다. 뒤늦게 쫓아온 정중부가 그 광경을 보았다.

"무슨 짓인가? 임금님 앞에서 사람을 죽이다니!"

의종은 주먹을 꽉 쥐고 부들부들 떨며 두 사람을 노려보았다. 하지만 아무 말도 하지 않은 채 방으로 들어가 버렸다. 성난 군인들이 궁궐까지 몰려가서 눈에 띄는 문신들을 닥치는 대로 죽였다. 칼을 든 군인들이 피비린내로 가득한 궁궐을 기세등등 돌아다녔다.

예절도 체면도 없었다. 탐나는 것은 무엇이든 품에 쑤셔 넣었고, 마음에 들지 않으면 아무나 때리고 욕을 했다. 이제 세상이 변했다. 무신들의 세상이 왔다. 학문보다 힘이 앞서는 세상이었다.

권력을 차지한 정중부와 이의방은 중방에서 나랏일을 처리했다. 중방은 원래 각 군대의 상장군과 대장군이 모여 회의를 하는 기구였는데, 무신이 권력을 잡으면서 자연스럽게 중요한 모든 일을 이곳에서 결정하게 되었다. 무신들은 문신 귀족들이 백성의 어려움은 생각하지 않고 자신들의 욕심만 차린다고 비판했다.

하지만 무신들의 행동도 다르지 않았다. 자식이나 친척에게 높은 벼슬을 주어 자기 권력을 키우고 재산을 늘리는 데만 힘을 쏟았다. 권력을 넘보는 사람은 동지이거나 가족이라도 용서하지 않았다. 이의방은 이고를 죽였고, 정중부는 이의방을 죽였다. 정중부를 죽인 사람은 젊은 군인 경대승이었다. 누구든 최고 권력자를 죽이면 그 자리에 오를 수 있었다.

경대승은 다른 군인에게 살해당할까 봐 두려워서 집 밖으로 나오지 않았다. 집 안에 도방이라는 결사대를 만들어 밤낮으로 자신을 지키게 했다. 경대승은 잘 때도 안심할 수 없어 특별히 길고 커다란 베개를 만들게 하여 도방의 군사들과 함께 잤다. 살해당할까 봐 전전긍긍하던 경대승은 결국 서른의 나이에 병들어 죽고 말았다. 그 뒤를 이어 최고 권력자가 된 사람은 천민 출신으로 장군이 된 이의민이었다.

이의민은 어릴 때부터 덩치가 크고 힘이 장사였다. 천민 출신은 군인이 될 수 없었지만 보통 사람보다 몇 배나 힘이 세어 특별히 군인으로 선발되었다. 군인이 된 뒤에 수박희 대회에서 거듭 우승하면서 의종의 총애를 받았다.

그러나 천민 출신이라는 신분 때문에 늘 무시당했고, 출세하기도 힘들었다. 무신들이 반란을 일으켰을 때 그는 미친 듯이 사람을 죽였다. 귀양가 있는 의종을 죽인 사람도 바로 이의민이었다. 이의방의 명령을 받고 의종을 찾아가 맨손으로 허리를 부러뜨려 죽였다. 사람들은 왕을 죽인 자라며 이의민을 손가락질했다. 하지만 그는 비난을 웃어넘겼다.

"귀족들이 모든 걸 차지하는 세상에서 나 같은 놈이 출세하려면 별수 있어? 남들 다 하는 일은 더 열심히 하고, 남들이 하기 싫어하는 일도 앞장서서 해야지."

최고 권력자가 자주 바뀌면서 나라는 안정될 틈이 없었다. 그들은 칼을 휘둘러 권력을 잡는 데만 온 힘을 쏟았다. 그리고 얼마 지나지 않아 다른 사람의 칼에 목숨을 잃었다. 나라를 올바르게 다스리겠다는 생각도 없었고, 그렇게 할 능력도 없었다.

고려는 위부터 아래까지 혼란에 빠졌다. 병졸의 생활은 반란이 일어나기 전보다 더욱 나빠졌다. 힘 있는 무신들이 땅이란 땅은 죄다 차지했기 때문에 병졸이 받아야 할 군인전은 더욱 줄어들었다. 그들은 권력을 잡은 사람들 사이를 옮겨 다니는 떠돌이 무사가 되었다. 먹고살기 위해서는 어쩔 수 없었다.

왕관 없는 임금, 최충헌

천민으로 태어나 최고 권력자가 된 이의민, 그의 이야기는 많은 천민에게 희망을 주었다. 천민의 살림살이가 하나도 나아지지 않았지만, 그래도 왠지 천민에게도 좋은 세상이 올 것만 같았다. 그런 천민의 희망은 최충헌이 이의민을 죽이면서 사라져 버렸다. 62년 동안 고려를 지배하면서 아들과 손자에게 최고 권력자 자리를 물려준 최씨 정권이 탄생한 것이다.

최충헌은 그동안 무신들이 잘못한 일을 조목조목 비판하면서 새롭게 나라를 운영하겠다는 개혁안을 발표했다. 그리고 문신을 다시 벼슬자리에 불러들였다. 문신의 도움 없이는 나라를 제대로 다스리기 어렵다는 것을 알고 있었기 때문이었다. 최충헌은 이전의 무신 권력자들과 뭔가 달라 보였다.

최충헌은 권력을 지키기 위해 '교정도감'이라는 새로운 기구를 만들었을 뿐만 아니라 중방의 역할을 줄여서 다른 무신들이 권력을 넘보지 못하게 했다. 또 3000명의 군대를 따로 만들어 최충헌의 명령만 듣도록 했다. 다른 무신의 노비가 몰래 모여 군사 연습이라도 한다는 소문이 들리면 반란으로 몰아 다 잡아 죽였다. 그래서 최충헌 말고 다른 사람들은 군대를 거느릴 수 없었다.

최충헌의 권력을 넘보는 사람은 누구도 무사하지 못했다. 최충헌은 임금을 마음대로 바꿨고 동생을 죽였다. 최충헌의 허락 없이는 새로 벼슬을 받을 수도, 승진을 할 수도 없었다. 최충헌의 집 앞에는 뇌물을 바치려는 사람들로 넘쳐 났다.

왕관을 쓰지 않았으나 최충헌은 왕보다 더 큰 권력을 휘둘렀다. 고려의 옛 임금은 재상들과 의논해서 나랏일을 처리했으나 최충헌은 자기 마음대로 처리했다. 일흔 살이 넘도록 23년이나 마음껏 권력을 휘두른 최충헌은 죽으면서 아들 최우에게 권력을 넘겨주었다. 최씨 정권은 영원히 끝나지 않을 것만 같았다.

3 흔들리는 귀족 사회

고개 숙인 문신, 신음하는 농민

무인 시대, 문신의 삶

저 멀리 금나라 국경이 보였다. 유응규는 여기까지 오면서 몇 번이나 한숨을 내쉬었다. 그는 문신이었지만 다른 문신들이 모조리 칼에 맞아 죽을 때 다행히 궁궐에 없어 목숨을 건졌다. 그리고 새 임금 명종의 국서를 들고 금나라로 가고 있었다. 이의방과 정중부가 의종을 쫓아내고 명종을 내세웠는데, 금나라가 명종을 새 임금으로 인정해 줘야 했기 때문이다.

'흉악한 무신들이 한 짓을 생각하면, 억울하게 내쫓긴 임금님을 생각하면…… 금나라에 있는 그대로 사실을 말하고 정중부와 이의방을 잡아가라고 말하는 게 속 시원할 텐데…….'

하지만 다시 고개를 저었다. 그건 사신의 임무를 저 버리는 짓이었다.

'나라에 반란이 일어나 임금이 바뀐 것을 금나라가 알면 이걸 기회로 우리나라 일에 간섭할 게 뻔해. 예전에 요나라도 강조의 반란을 구실로 침입해 오지 않았던가. 비록 정중부가 한 짓은 괘씸하지만, 지금 임금님 역시 무슨 죄가 있는가. 나를 믿고 큰일을 맡기셨는데, 목숨을 걸고라도 임무를 꼭 완수해야 해. 금나라가 의심하지 않고 새 임금님을 인정하도록 해야 된다고!'

유응규는 마음을 단단히 먹고 금나라 땅에 들어섰다. 금나라는 유응규의 말을 쉽게 믿어 주지 않았다. 고려에 무슨 일이 생긴 것이 틀림없다며 국서조차 받아 주지 않았다. 그리고 새 임금을 인정할 수 없다는 국서를 주며 돌아가라고 했다.

"사신이란 다른 나라에 가서 사명을 다하는 사람인데, 내가 여기서 사명을 완수하지 못하면 죽어서도 그 죄를 씻을 수 없다. 살아서 고려로 돌아가는 것보다 차라리 여기서 목숨을 끊어 천하에 내 뜻을 알리겠다."

유응규는 금나라 궁궐 앞뜰에 서서 한 발자국도 움직이지 않았다. 며칠 동안 밥은커녕 물 한 모금도 마시지 않았다. 금나라 임금이 사람을 보내 밥을 먹으라고 타일렀지만 꼼짝도 하지 않았다. 금나라 궁궐에서는 유응규가 정말로 죽을까 봐 걱정이 되기 시작했다. 고려 사신이 금나라 궁궐에서 굶어 죽으면 금나라도 곤란한 처지가 될 것이었다. 결국 금나라 임금은 유응규가 가져간 국서를 받아 주었다.

유응규는 무사히 고려로 돌아왔다. 오로지 나라를 생각한 유응규의 행동은 여러 사람에게서 칭찬을 받았다. 문신이라면 그 누구도 살려 두지 않겠다던 무신들도 유응규에게 고마워했다.

　유응규처럼 무신 시대에도 살아남아 자신의 사명을 다한 문신이 있었다. 그러나 많은 문신이 목숨을 잃었고, 목숨을 건진 문신은 고향으로 돌아가 숨죽이고 살았다. 혼란에 빠진 고려를 위해 아무것도 할 수 없는 자신을 탓하며 술로 세월을 보내는 사람도 있었고, 자연에 묻혀 세상을 잊은 채 시를 읊고 거문고를 타며 살아간 사람도 있었다.

　그러나 최충헌이 권력을 잡으면서 이 같은 분위기가 조금씩 바뀌었다. 최씨 정권이 문신을 등용하면서 이름을 날리는 문신도 나타났다. 특히 이규보는 고구려를 세운 주몽의 이야기를 시로 쓴 〈동명왕편〉으로 역사에 이름을 남겼다. 이규보는 무신 시대에 고통받는 백성을 걱정하는 시도 많이 지었지만, 벼슬을 받기 위해 최씨 정권을 찬양하는 시를 써야 했다.

이규보와 《동국이상국집》
고려 시대의 명문장가 이규보와 그의 시문집이다. 이규보는 뛰어난 문장가로 이름을 떨쳤지만, 무신 정권에 아부하여 출세한 문신으로 평가받기도 한다. 《동국이상국집》, 《국선생전》 같은 빼어난 작품을 남겼다.

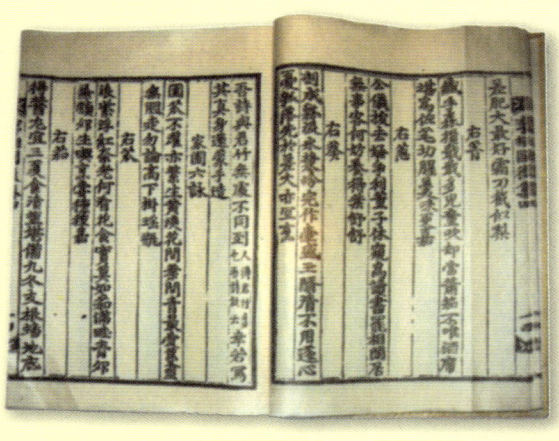

지눌과 조계종

1182년, 평양에 있는 보제사에 승려들이 모여 불교의 진리에 대해 이야기를 나누고 있었다. 이제 스물다섯 살이 된 젊은 승려 지눌도 법당 구석에 앉아 다른 사람들의 이야기에 귀를 기울였다. 지눌은 부처님의 진리를 깨닫기 위해 여행을 하는 중이었다. 승려들은 불교계가 얼마나 타락했는지를 이야기하며 분노했다.

모두 한마디씩 하고 있을 때 지눌이 조용히 입을 열었다.

"지금 승려들은 중생을 이끌기 전에 자신부터 깨끗이 해야 합니다. 염불을 외우고 불경을 외운다고 승려가 아닙니다. 속세를 떠나 깊은 산속에 들어가 부처님의 말씀을 지키고, 도를 닦으며 자신을 되돌아봅시다."

"참 좋은 말씀입니다. 타락에 물든 세상을 버리고 함께 모여 숲 속에 들어가 부처님의 말씀을 지키며 삽시다. 서로 수행하는 것을 도와주면 더 좋을 것 같습니다."

"그렇다면 지눌 스님께서 중심이 되어 주십시오. 이름은 뭐라고 지으면 좋을까요?"

함께 모인 승려들은 뜻을 모으기로 했다. 모임의 이름은 '정혜결사(定慧結社)'로 정했다. 참선과 지혜를 함께 닦는 모임이라는 뜻이었다. 그러나 정혜결사는 바로 만들어지지 못했다. 보제사에 모였던 승려들이 며칠 뒤 모두 뿔뿔이 흩어졌기 때문이다. 지눌은 그로부터 10년이 지난 뒤에야 정혜결사를 만들었다.

지눌의 가르침은 '정혜쌍수'와 '돈오점수'라는 두 마디로 표현된다.

정혜쌍수는 마음의 평안을 얻기 위한 참선과 불경 공부를 함께해야 한다는 의미를 담고 있다. 이는 부처님의 지혜가 담긴 불경을 읽고 공부하는 교종과 참선을 통해 마음의 평안을 얻으려는 선종을 함께 아우르기 위한 것이다. 돈오점수는 깨달음을 얻은 뒤에도 계속 꾸준히 공부해야 한다는 의미이다.

　타락한 불교계를 깨끗하게 만들고 승려 한 사람 한 사람의 깨달음을 중요하게 생각하는 지눌의 가르침은 조계종의 성립으로 결실을 맺었다. 당시의 집권자였던 최충헌은 조계종에 관심을 보였다.

송광사
전라남도 순천 조계산에 있는 절이다. 고려 시대 보조 국사 지눌이 도를 닦으며 불교계의 개혁을 외친 곳으로 10명의 국사를 배출한 유서 깊은 절이다.

"요즘 많은 승려가 조계종을 지지한다는데, 그것이 무엇인가?"

"왕실, 귀족과 함께 타락한 불교계를 개혁하려는 움직임을 말합니다. 재물을 모으거나 정치 권력에 관심을 기울이지 않고 스스로 몸과 마음을 깨끗이 하기 위해 참선을 한답니다."

"그것 참 좋은 것이로구나. 옳거니, 무신 정권을 못마땅하게 여기는 기존 승려 세력을 누르기 위해 조계종을 적극적으로 키워 줘야겠다."

"사실 조계종을 후원하고 있는 무신이 꽤 많습니다."

"오호! 벌써?"

"예. 어려운 불경을 읽지 않아도 부처님을 믿고 구원받을 수 있는 방법을 알려 주기 때문에 많은 무신이 조계종에 속한 절에 다니고 있습니다."

"하긴 무신 중에는 글자를 모르는 사람도 많으니 그게 편하겠군."

무신 정권은 지눌과 조계종을 적극적으로 후원했다. 무신 정권을 싫어하는 기존의 불교계를 억누르기 위해서였다. 무신 정권의 보호 아래 조계종은 갈수록 세력이 커졌다. 지눌이 머무르며 도를 닦은 송광사, 정혜결사가 모여 불교계의 개혁을 외친 수선사는 우리나라 불교의 새로운 중심이 되었다. 그리고 조계종은 고려와 조선을 거쳐 오늘날까지 계승되었다.

전국에서 일어나는 민란

흥년 들어 거의 죽게 된 백성
앙상하게 뼈와 가죽이 남았네.
몸속에 살이 얼마나 있다고
남김없이 죄다 긁어내려 하는가.
너는 보는가, 강물 마시는 두더지도
그 배를 채우는 데 지나지 않는다.
묻노니, 너는 입이 얼마나 많아서
백성들의 살을 탐욕스럽게 먹는가.

— 이규보

 가을이 되어 들판에는 추수하는 손길이 바빴다. 명학소의 백성들도 부지런히 볏단을 모아 쌓아 올렸다.
 "추수한 볏단을 보면 밥을 먹지 않아도 배가 부르다고 하는데, 올해는 왜 이리 한숨만 나오는지 모르겠네."
 "왜긴 왜여. 세금 내고 나면 쭉정이밖에 안 남을 텐데, 그럼 한숨이 안 나와?"
 "군인들이 귀족들을 싹 때려잡을 때는 좀 살기 좋은 세상이 오려나 기대를 걸었는데."

"기대가 크면 실망도 크다더니. 그래도 예전에 세금 걷어 가던 놈들은 법이라도 있었는데, 지금은 어떻게 된 게 법도 없고 정도도 없고……. 칼만 안 들었지 강도가 따로 없어. 관리들도 옛날보다 더 썩어 빠졌고."

"칼 안 든 강도라니? 그놈들이 들고 있는 칼 못 봤어? 믿을 거라고는 주먹이랑 칼밖에 없는 놈들이던데 뭘."

"우리는 소에 살고 있다고 더 들들 볶아 대니 정말 못살겠어. 그저 현에 살고 있는 백정들만큼만 대접해 줘도 살 만할 텐데."

"백정들도 못살겠다고 땅 버리고 집 버리고 떠돌아다니는 사람이 많다네. 하긴 무시당하는 것만 없어도 좋겠네."

"노비들도 주인 잘 만나 벼슬하는 세상이야. 정중부의 노비가 벼슬받았다는 소리 들었지? 우리는 지금 노비보다도 못한 신세야. 우리라고 마냥 엎드려 있으라는 법 있나?"

"듣고 보니 맞는 소리네. 우리가 지들보다 못 한 게 뭐여?"

"그냥 무작정 들고일어나면 실패할 수 있으니 이제부터라도 몰래 모여서 군사 훈련을 하자고. 살기 어려운 것은 서로 마찬가지니 아마 뜻을 모을 사람이 많을 거야. 잘만 하면 우리도 비단옷 입고 쌀밥 먹고 큰소리치며 살 수 있지 않겠는가."

무신이 권력을 잡으면서 생활이 더욱 어려워진 사람들은 더 이상 참지 못하고 들고일어나기 시작했다. 1176년, 공주에 있는 명학소에서는 망이와 망소이가 농민들을 모아 훈련을 하고 군대를 일으켜 공주성을 점령했다. 고려 정부는 그 위세에 놀라 명학소를 충순현으로 올려 주었다. 고려 시대를 통틀어 소를 현으로 높여 준 경우는 드물었다. 망이와 망소이는

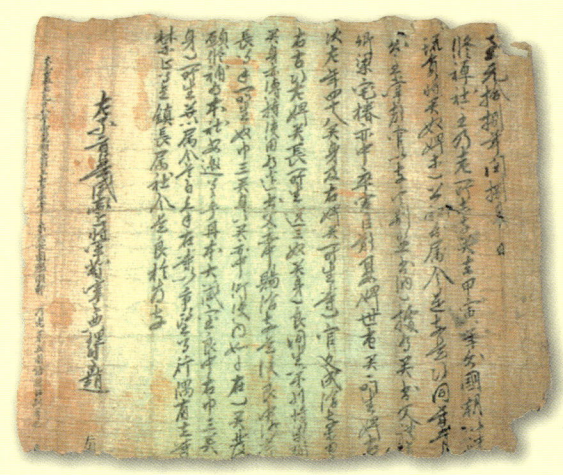

송광사 노비첩
노비의 상속을 기록한 문서이다.
천민의 대부분은 노비였다.

정부의 약속을 믿고 집으로 돌아갔다. 그러나 집에 돌아와 보니 조정에서 보낸 군대가 가족을 붙잡아 가 버렸다.

"이게 뭣이여? 우리를 속였구나. 저놈들을 믿은 게 잘못이여. 이번에는 꼭 궁궐까지 들어가 모두 엎어 버리고 말겠어!"

망이와 망소이는 다시 난을 일으켰다. 정부에서는 충순현을 다시 명학소로 만드는 한편 군대를 보내 망이와 망소이의 농민 군대를 막도록 했다.

"죽어도 항복할 수 없다. 이놈들아! 우리가 네놈들처럼 나라를 탐냈더냐? 먹고살 길만 열어 달라는데 그게 그렇게 잘못이냐?"

망이와 망소이가 이끄는 농민 군대는 죽을힘을 다해 싸웠지만 1177년 7월, 정부에서 보낸 군대에게 패하고 말았다. 망이와 망소이는 잡혀 목이 잘렸다. 그러나 농민과 천민의 반란은 이제부터 시작이었다. 1182년에는 전주에서 노비들이 중심이 되어 반란을 일으켰다. 1193년에는 김사미와

효심이 옛 신라를 되살리겠다며 경상도에서 들고일어났다. 이들은 경주 근처 여러 고을을 공격하며 기세를 떨쳤다. 고구려, 백제를 되살리겠다는 반란까지 일어났다. 백성들의 반란은 일어날 때마다 점점 규모가 커졌으며 참가하는 사람도 다양해졌다.

노비 없는 세상을 꿈꾼 만적의 난

만적은 오늘도 지게를 지고 개경 북쪽에 있는 산으로 나무를 하러 갔다. 만적은 최충헌의 집에서 일하는 노비였다. 만적은 날마다 나무를 하고, 물을 긷고, 마당을 쓸고, 가마니를 짜는 일을 했다. 그리고 매일매일 주인에게 비단과 고기, 금은보화가 뇌물로 들어와 산더미처럼 쌓이는 걸 보았다. 하지만 만적은 하루도 쉬지 않고 너덜너덜한 옷 위에 지게를 걸치고 나무를 하러 다녔다.

'다 같은 사람으로 태어나 누구는 저렇게 출세를 하고, 누구는 평생 일해도 노비 신세를 못 벗어나는구나.'

만적은 나무를 하러 다니면서 자기와 같은 처지의 노비를 많이 만났다. 그러던 1198년 어느 날, 만적은 산속의 공터에 노비들을 불러 모아 놓고 이야기했다.

"무신들이 난을 일으켰을 때부터 천한 출신 가운데 높은 벼슬을 한 사람이 많이 나왔다는 거 다들 알지? 높은 벼슬하는 사람들이 태어날 때부터 정해진 건 아니야. 왕후장상의 씨가 따로 있는 게 아니란 말이야. 때가 오면 누구나 높은 벼슬을 할 수 있어. 우리라고 매일 힘든 일에 시달리고,

주인에게 채찍을 맞으며 고생만 해야 되겠어? 어차피 한 번 사는 인생인데 이렇게 살 수만은 없지 않겠어?"

노비들은 다들 만적의 말이 옳다며 고개를 끄덕였다. 만적과 다른 노비들은 자기들도 난을 일으켜 출세해 보자고 의논했다.

"우리들이 성안에 모여 먼저 최충헌을 죽이고, 각자 자기 주인을 없애고 노비 문서를 불태워 버리자. 그래서 이 나라에 다시는 천민이 없게 하면, 우리도 높은 벼슬을 할 수가 있다고!"

만적과 노비들이 원한 것은 노비가 없는 세상이었다. 노비도 출세할 수 있는 세상을 그들은 원했던 것이다. 옛날 같으면 꿈도 꿀 수 없는 일이었지만, 무신의 난이 일어난 뒤로는 천한 신분 중에서도 출세하는 경우가 종종 있었다. 이의민처럼 최고 권력자가 나오는가 하면, 출세한 주인을 만나 노비 신분에서 벗어나서 벼슬을 받는 사람도 있었다.

만적과 노비들은 작전을 짠 뒤 다시 만나기로 하고 흩어졌다. 그러나 이 계획은 한 노비가 배신해 자기 주인에게 고자질을 하면서 실패로 돌아갔다. 최충헌은 만적을 비롯해 100명이 넘는 노비를 잡아들여 꽁꽁 묶어 산 채로 강물에 던졌다. 하지만 모든 노비를 다 죽일 수는 없어서 나머지에게는 책임을 묻지 않겠다고 했다. 비록 실패로 돌아갔지만, 만적의 난은 무신들에게 큰 충격을 주었다. 최고 집권자의 노비가, 수도 개경에서 반란을 일으키려고 했다는 것은 무신들의 가슴을 철렁하게 만들었다. 언제 자기 집 노비가 난을 일으킬지도 모를 일이었다.

노비 평량의 꿈

노비들은 천한 신분에서 벗어나기를 간절히 바랐을 뿐만 아니라 꿈을 이루기 위해서 어떤 일이든 할 수 있었다. 견주(오늘날의 경기도 남양주)에 살던 평량도 그런 꿈을 가지고 있었다. 평량은 주인집에서 멀리 떨어진 땅에 농사를 지어 주는 노비였다. 농사지은 곡식을 주인에게 몸값으로 주고 가끔 주인집에 가서 일해 주었다. 평량은 재산을 모아 벼슬자리를 사는 것이 꿈이었다. 밤낮없이 일해, 악착같이 돈을 모았다. 많은 재산을 모은 평량은 먼 곳으로 도망을 가서 벼슬자리를 샀다.

"여기서는 우리가 노비였다는 사실을 아무도 모를 거야. 이제 우리 아이들을 집안 좋은 귀족과 혼인시키면 우리도 귀한 신분이 될 수 있어. 내 꿈을 이루는 거지."

평량은 아내와 함께 손을 잡고 기뻐했다. 그러나 그 행복은 오래가지 않았다. 평량의 아내가 노비였을 때 주인이던 양원지가 가족을 데리고 찾아온 것이다. 양원지는 집안이 망했다며 평량에게 재산을 달라고 했다.

"노비의 재산은 다 주인 것이라는 거 알지? 자네 집사람이 우리 집 노비였으니 우리가 재산 좀 달라고 해도 서운해 할 일은 아니야. 그나저나 이 동네 사람들은 자네가 노비라는 걸 아는가?"

평량의 마음은 분노로 가득 찼다. 지금까지의 고생이 물거품처럼 사라지게 된 것이다. 결국 평량은 양원지 가족이 재산을 받아 개경으로 돌아갈 때 길가에 숨어 있다가 양원지 가족을 죽이고 말았다.

"네놈들만 없으면 우리는 완전히 자유라고. 아무도 내 꿈을 짓밟을 수

없어. 얼마나 힘들게 여기까지 왔는데!"

며칠 뒤 평량은 결국 살인죄로 체포되고 말았다.

많은 노비가 평량과 같은 꿈을 꾸었다. 천한 신분에서 벗어나 고생스러운 삶을 끝내고 싶었다. 또 낮은 신분이었던 무신들이 출세하는 걸 보면서 스스로 성공할 수 있다고 믿게 되었다. 이 꿈을 이루기 위해 한 평생을 바쳤고 갖은 고생도 마다하지 않았다. 무신들이 다스리는 세상에서 돈으로 신분을 살 수 있을 만큼 세상은 어지러웠고, 백성들은 그만큼 살기가 힘들었던 것이다.

문화재를 찾아서

순수한 비색의 아름다움, 고려청자

청자는 고려인의 생활필수품이었다. 매우 값진 물건이어서 귀족들만 사용할 수 있었지만 고려인들은 청자를 사랑했다. 청자 만드는 기술은 중국에서 배워 왔지만, 고려청자는 중국 청자보다 더 맑고 푸른빛을 띠었을 뿐만 아니라 더 아름다운 선을 자랑했다. 고려 초기에는 깨끗하고 순수한 푸른빛과 선의 아름다움을 강조한 순수 청자가 유행했다. 고려인들이 청자에 아름다운 무늬를 넣을 수 있는 상감 기법을 개발한 이후에는 다양한 무늬의 상감 청자가 유행했다.

고려 문인들은 예쁜 소년 모습이 새겨진 청자 연적에 담긴 물을 청자 벼루에 붓고 정성들여 먹을 갈았다. 그리고 붓을 들어 시를 썼다. 옆에는 청자로 만든 팔걸이가 놓여 있었고, 선반 위에는 차가 담긴 청자 주전자와 연꽃 모양의 청자 찻잔이 놓여 있었다. 방 한가운데는 숯이 담긴 청자 화로가 방 안을 데워 주었고, 한쪽 옆에는 청자 향로에서 향이 피어올랐다.

청자 상감 운학 무늬 매병
고려인은 상감이라는 기법으로 청자에 무늬를 넣는 방법을 개발했다. 청자의 푸른빛과 흰색 무늬가 어우러져 학이 푸른 하늘을 날고 있는 듯하다.

청자 주전자
최항의 무덤에서 발견된 주전자. 몸통은 연꽃 모양이고, 손잡이는 연꽃줄기 모양이다. 손잡이에 올라앉은 개구리까지 연못의 분위기를 풍기고 있다.

청자 향로
부처님께 공양을 드리기 위해 향을 피울 때 쓰던 향로이다. 세 마리의 토끼가 연꽃을 떠받치고 있는 모양이다. 고려 공예의 높은 수준을 보여 준다.

참외 모양 꽃병
고려 중기까지 깨끗한 색깔과 선 모양을 강조한 청자가 유행했다. 인종의 능에서 발견된 청자이다. 몸체는 참외 모양, 꽃병 입구는 참외 꽃 모양이다.

작기도 하여라 푸른 옷 입은 동자
고운 살결 옥과 같구나.
종일토록 지친 듯한 내색도 없이
물병 들어 벼룻물 부어 준다네.
너의 고마움 무엇으로 갚을 수 있겠는가
깨어지지 않게 소중히 간직하리.

— 이규보

청자 연적
이규보의 시를 떠올리게 하는 어린아이 모양의 연적. 아이가 들고 있는 물병과 옷에 꽃무늬가 새겨져 있다.

연표

우리나라		다른 나라	
900년	견훤, 후백제를 건국하다.		
901년	궁예, 후고구려를 건국하다.		
903년	왕건, 전라도 나주를 공격해 얻다.	907년	당나라, 멸망하다.
915년	궁예, 왕비 강씨와 두 아들을 죽이다.		
918년	왕건, 고려를 건국하다.	916년	거란이 세워지다.
925년	후백제, 신라의 20여 성을 점령하다.		
927년	견훤, 신라 금성을 공격해 경애왕을 죽이고 경순왕을 세우다.	926년	거란, 발해를 무너뜨리다.
931년	왕건, 신라 금성을 방문하다.		
934년	발해 세자 대광현, 고려에 투항하다.		
935년	후백제 신검, 견훤을 가두고 왕위에 오르다. 신라 경순왕 고려에 항복해 신라, 멸망하다.		
936년	후백제, 멸망하다. 고려, 후삼국을 통일하다.		
945년	왕규, 박술희를 죽이고 난을 일으키다.	946년	거란, 국호를 '요'로 고치다.
950년	광종, 연호를 '광덕'이라고 정하다.		
956년	노비안검법을 실시해 억울하게 노비가 된 사람을 조사해 풀어 주다.		
958년	과거 제도를 실시하다.		
960년	여러 신하의 관복 색깔을 정하다.	960년	조광윤, 송나라를 건국하다.
976년	신하의 등급에 따라 토지를 나눠 주는 전시과 제도를 만들다.		

982년	최승로, 시무 28조를 올리다.
983년	전국에 12목을 설치하고 지방관을 보내다.
992년	개경에 국자감을 세워 인재를 양성하다.
993년	서희, 거란의 소손녕과 담판해 강동 6주를 얻다.
996년	건원중보를 만들다.
1009년	강조, 목종을 내쫓고 현종을 왕위에 앉히다.
1010년	거란의 2차 침입, 강조가 크게 패해 개경까지 함락되다.
1011년	대장경을 처음으로 만들기 시작하다.
1019년	강감찬, 귀주 대첩으로 거란군을 물리치다.
1033년	압록강 입구에서 도련포까지 천리장성을 쌓기 시작하다.
1044년	천리장성이 완성되다.
1065년	문종의 명으로 흥왕사를 짓다.
1066년	문종, 3년간 전국의 도살을 금하다.
1086년	의천, 흥왕사에 교장도감을 설치하다.
1096년	의천, 속장경을 완성해 부인사에 보관하다.
1097년	의천의 건의로 주전도감을 설치하다.
1102년	해동통보를 만들다.

1037년
서아시아에 셀주크 투르크 제국이 세워지다.

1054년
크리스트교, 동서로 나뉘다.

1069년
송나라, 왕안석의 건의로 변법을 실시하다.

1104년	여진과의 전쟁에 대비해 별무반과 항마군을 만들다.	
1107년	윤관, 여진을 정벌하고 동북 9성을 쌓다.	
1109년	동북 9성을 허물고 여진에게 땅을 돌려주다.	
1126년	이자겸, 난을 일으켜 궁궐을 불태우다.	

- 1115년 여진족, 금나라를 세우다.
- 1125년 금나라, 요나라를 멸망시키다.
- 1127년 송나라, 금나라의 공격으로 남쪽으로 쫓겨 가다. 이때부터 '남송'으로 불리다.

- 1129년 묘청, 왕에게 황제를 칭하고 금을 정벌할 것을 건의하다.
- 1135년 묘청, 서경 천도가 실패하자 난을 일으키다.
- 1145년 김부식, 《삼국사기》를 편찬하다.
- 1159년 도자기 기술 발달로 고려청자가 유행하다.
- 1170년 무신이 난을 일으켜 권력을 잡다.
- 1173년 이의민, 의종을 죽이다. 김보당, 조위총의 난이 일어나다.
- 1176년 공주 명학소, 망이·망소이의 난이 일어나다.
- 1179년 경대승, 정중부를 죽이고 도방을 설치하다.

- 1196년 최충헌, 이의민을 죽이고 집권자가 되다.
- 1198년 최충헌의 노비 만적, 난을 도모하다 발각되다.
- 1192년 일본, 가마쿠라 막부가 세워지다.

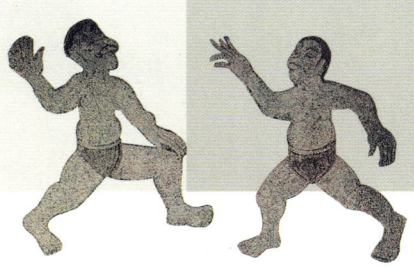

사진 자료 제공

간송미술관
청자 상감 운학 무늬 매병(138쪽)

국립중앙박물관
청동으로 만든 정병(88쪽), 참외 모양 꽃병(139쪽),
청자 향로(139쪽)

국립청주박물관
도장(63쪽)

권태균
궁예 미륵(15쪽), 견훤 산성(21쪽),
금산사 미륵전(32쪽), 개태사(33쪽), 송광사(128쪽)

문화재청
신숭겸 장군 묘(28쪽), 윤관의 묘(103쪽)

《민족 21》
현화사 7층 석탑(97쪽)

일본 오사카 시립 동양 도자 미술관
청자 연적(139쪽)

일본 화장원
〈지장 시왕도〉(58쪽)

전쟁기념관
귀주 대첩 기록화(77쪽)

《조선 유적 유물 도감》
고려의 궁궐(39쪽), 궁궐 기와 장식(39쪽),
용머리 장식(39쪽),
관촉사 석조 미륵보살 입상(50쪽),
파주 용미리 마애불(51쪽),
천리장성(78쪽), 무인석(116~117쪽)

한국금융사박물관
고려 시대의 화폐(88쪽)

한국학중앙연구원
〈훈요십조〉(38쪽)

호림박물관
금으로 만든 불경(80쪽)

호암미술관
〈아집도 대련〉(84쪽), 청자 주전자(139쪽)

• 저작권자를 찾지 못해 게재 허락을 받지 못한 일부 사진에 대해서는 저작권자가 확인되는 대로 허락을 받고 사용료를
 지불하도록 하겠습니다.

찾아보기

ㄱ

강감찬 · 71, 96, 115
강동 6주 · 66, 68, 71
건원중보 · 88, 89
견훤 · 20, 26, 30, 33
경대승 · 120, 121
경순왕 · 26, 31, 40
경애왕 · 24, 26, 33
경종 · 54
고려청자 · 81, 94, 138
고창 전투 · 29
공산 전투 · 26, 27
공음전 · 85
광덕 · 45
광종 · 43, 46, 48, 55
광주원군 · 41
교정도감 · 122
교종 · 87
국사 · 86
궁예 · 12, 17, 22
귀주 대첩 · 77
금강 · 29
금나라 · 104, 124
금산사 · 29, 30
김부식 · 109, 116
김사미 · 132

ㄴ

나성 · 77
남대가 · 80
능환 · 29

ㄷ

대장경 · 81
돈오점수 · 127, 128
《동국이상국집》 · 126
동국통보 · 88
〈동명왕편〉 · 126
동북 9성 · 101, 104

ㅁ

마의 태자 · 35
만적 · 133, 134
망소이 · 131, 132
망이 · 131, 132
명학소 · 130, 131
묘청 · 111, 113
무진주 · 20
문종 · 57, 82, 87, 106
미륵불 · 14, 22

ㅂ

박수경 · 43, 48

벽란도 · 78
별무반 · 101
보현원 · 117, 118
복지겸 · 18

ㅅ

《삼국사기》 · 112
삼한통보 · 88
상감 기법 · 138
서경 · 111
서희 · 65, 68
선종 · 87, 128
성종 · 54, 57, 81
소배압 · 71, 74, 76
소손녕 · 65, 67
속군 · 61, 62
속장경 · 87
송광사 · 129
수령 · 62
수박희 · 115, 121
숙종 · 87, 101
시무 28조 · 55
시중 · 17, 60, 82
신검 · 29, 30, 32
신숭겸 · 18, 26, 27
쌍기 · 46, 54

◎

양규·70
양길·13
여진족·100
연등회·89, 90
완산주·21
완옌부·100, 101, 104
왕건·14, 22, 31, 64
왕규·41
왕소·36, 41, 43
왕식렴·41
왕요·36, 41
요나라·64, 75
운주성 전투·28, 29
원효 대사·87
유응규·124, 126
윤관·101, 115
은진 미륵·49
음서 제도·85
의자왕·21
의종·118, 120, 121
의천·86, 87, 89
이고·118, 120
이규보·126, 130
이소응·117, 120
이의민·121, 122, 134

이의방·118, 120, 124
이자겸·104, 106, 111
이자연·58, 82, 106
인종·104, 109, 113
일리천 전투·32

ㅈ

정중부·117, 124, 130
정지상·109, 113
정혜결사·127, 129
정혜쌍수·127, 128
조계종·128, 129
주몽·126
중미정·116
중방·120, 122
중서문하성·58, 59
중추원·58
지눌·127
지채문·70, 95

ㅊ

척준경·107, 109
천리장성·77, 100
초조대장경·87, 81
최승로·54, 56, 61
최우·123

최충·58
최충헌·122, 133, 134

ㅍ

팔관회·90
평량·136
포석정·24

ㅎ

한언공·81
항리·61
해동중보·88, 89
향·94
향리·62, 93
현종·68, 70, 74, 81, 95
현화사 7층 석탑·97
혜종·41, 54, 69
호족·14, 31, 46
홍유·18
효심·132
후고구려·14, 21, 33
후백제·17, 20, 32, 33
후삼국·15, 45, 47
〈훈요십조〉·38
흑창·36
흥왕사·59, 87

제대로 한국사 3 민족을 다시 통일한 고려

1판 1쇄 발행일 2008년 5월 30일
개정판 1쇄 발행일 2015년 10월 26일
개정2판 3쇄 발행일 2022년 4월 29일

지은이 전국역사교사모임

발행인 김학원
발행처 휴먼어린이
출판등록 제313-2006-000161호(2006년 7월 31일)
주소 (03991) 서울시 마포구 동교로23길 76(연남동)
전화 02-335-4422 **팩스** 02-334-3427
저자·독자 서비스 humanist@humanistbooks.com
홈페이지 www.humanistbooks.com
유튜브 youtube.com/user/humanistma **포스트** post.naver.com/hmcv
페이스북 facebook.com/hmcv2001 **인스타그램** @human_kids

편집 박민영 **디자인** 유주현 고문화 AGI **일러스트** 최미란 인강 임근선
용지 화인페이퍼 **인쇄** 삼조인쇄 **제본** 광현

글 ⓒ 전국역사교사모임, 2008
ISBN 978-89-6591-408-2 74910
ISBN 978-89-6591-405-1 74910(세트)

- 이 책은 《행복한 한국사 초등학교 3》의 개정판입니다.
- 이 책은 저작권법에 따라 보호받는 저작물이므로 무단 전재와 무단 복제를 금합니다.
- 이 책의 전부 또는 일부를 이용하려면 반드시 저작권자와 휴먼어린이 출판사의 동의를 받아야 합니다.
- **사용 연령 8세 이상** 종이에 베이거나 긁히지 않도록 조심하세요. 책 모서리가 날카로우니 던지거나 떨어뜨리지 마세요.

선생님들이 가장 많이 추천한 이보다 좋을 수 없는 최고의 한국사!

이렇게 재미있는 역사책이 있었던가? 꼭 있어야 할, 그리고 꼭 있었으면 하는 내용과 자료가 들어 있는 구성 덕분에 부모와 교사도 아이와 함께 읽으면 좋다. 흥미진진하고 역사 고증에도 충실한, 말 그대로 이보다 좋을 수 없는 한국사 교양서이다.
— **김성전** 서울수리초등학교 교사

《제대로 한국사》는 재미있고 풍성하다. 무엇보다 생동감이 있어서 마치 영화를 보고 있는 듯한 착각에 빠져든다. 인물, 사건, 제도가 아니라 조상들의 지혜, 용기, 희망 등을 전하고자 하는 역사 선생님들의 노력이 느껴진다. 역사를 왜 공부해야 하는지, 역사가 미래에 어떤 도움이 될지 잘 알려 주는 책이다.
— **이강무** 서울인창중학교 교사

5학년 사회 수업 보조 교재로 꼭 안성맞춤인 역사책이다. 한국사를 이해하는 데 꼭 필요한 내용만 엄선해 쉽게 썼다. 교과서의 흐름에 맞춘 탄탄한 내용 구성은 아이들이 역사를 이해하는 데 도움을 주고, 여러 인물의 이야기는 아이들이 역사에 더 가깝게 다가가도록 돕는다.
— **김형도** 광주새별초등학교 교사

"역사를 잊은 민족에게 내일은 없다." 아이들에게 역사를 제대로 가르쳐야 하는 까닭도 바로 여기에 있다고 생각한다. 교과서만으로는 우리 역사를 깊이 알기 어렵다. '제대로 된' 역사책으로 우리 아이들에게 역사를 알아 가는 기쁨을 주고 싶다.
— **진현** 화성제암초등학교 교사

《제대로 한국사》는 오랫동안 학생들을 가르쳐 온 역사 선생님들이 아이들의 눈높이에 맞춰 흥미로운 이야기로 역사를 들려준다. 아이들이 역사 속으로 푹 빠져 재미있게 읽으면서 동시에 역사 공부도 할 수 있는 멋진 책이다.
— **최운** 남양주판곡초등학교 교사

흥미진진한 자기 주도 역사책. 사료에 기반한 역사적 사실들이 생동감 있게 아이들의 눈 앞에 펼쳐진다. 교과서의 어려운 용어와 개념보다 생생한 과거 '사람들의 이야기'가 되살아난다. 아이들이 고개를 끄덕이며 쉽게 읽을 수 있는 진정한 드라마이다.
– **맹수용** 의정부중학교 교사

어려운 역사적 용어와 개념을 딱딱한 단어들 앞에 묶어 두지 않고 백성들의 소리로 전달했다. 아이들이 술술 읽으면서 옛사람들이 살았던 시대와 삶을 생생하게 경험해 볼 수 있는 책이다. 이 책에는 아이들이 가진 역사에 대한 거부감의 원인이 무엇인지 알고, 그것을 해결하려 고민한 흔적이 여실히 드러나 있다.
– **나해린** 양주고등학교 교사

교과서 속 인물들이 책에서 빠져나와 살아 움직이며 활기 넘치는 모습으로 이야기를 전해 준다. 역사가 재미없는 과거 사실의 나열이 아니라, 나와 같은 사람들이 울고 웃으며 생활했던 모습이 담겨 있는 옛날이야기라는 것을 보여준다.
– **손언희** 김해삼성초등학교 교사

굵직한 역사적 사건들을 작은 역사적 사실과 연결해 역사를 쉽게 만나게 한다. 역사책은 딱딱하다는 고정 관념을 버릴 수 있게 한 구성이 마음에 든다. 역사를 처음 만나는 아이들에게는 눈높이 역사 교과서이고, 학부모에게는 흥미진진한 역사 교양 안내서이다.
– **김동국** 부산정관초등학교 교사

내 친구들의 이야기, 내 이웃의 이야기를 읽는 것 같아 친근하다. 그러면서도 주변 사람과의 관계를 생각하게 하고, 사회와 나의 관계, 더 나아가 세계 속의 나를 생각해 볼 수 있게 하는 책이다. 한 편의 이야기를 읽듯 쉽고 재미있다.
– **배병록** 서천초등학교 교사